黃若薇——著

U0033614

晾生活、漂工作

沒有目的才有趣，
В非典型人生的100種可能

每一種夢想都是
一種 free style

我的志願？你還記得這個國小的作文嗎？

我寫的是建築師。

但我媽媽說，她對我的胎教是：「你要做模特兒、空姐、還是主播？」(媽媽給我的壓力好大啊～～～)

為了實現我的志願，國中時還去學了立體結構圖的繪畫，學完只有一個感想：我蓋的房子可能會倒，還是放棄吧！

幼小心靈突然「失去」了目標，我開始像別的孩子，上學、放學以及沈浸在動漫和遊戲世界，比較不同的是，我找到同時能兼顧自我興趣，和不讓媽媽擔心的通關小攻略。

一直且戰且走的人森

台語有句話說：一年換二十四個頭家。

國語則說：滾石不生苔。

都是在形容沒定性、遊手好閒、沒有明確目標的人。

我走過十九年的職場,經歷十八種工作角色,算是上述那樣非典型的人生,但其中我學到的、我看到的、我領受到的,就像海岸線美麗的浪花,一層一層拍打出快樂的樂章,每每不知道我會被推到哪個波段一樣的驚喜。

這一切也不是無緣無故發生的,回頭想想,我的工作觀也和遊戲帶給我的啟發有關,從國小電腦遊戲儲存在軟磁碟片、國中升級到硬磁碟片、高中變成光碟片、大學變成了隨身碟,甚至通訊器材,從 BB call、大哥大、黑白手機(還記得海豚機跟 3310 嗎?)到現在的彩色智慧型手機,把導航、相機、MP 3、網路、文書、繪圖等功能通通融和在一起,方便的背後,卻有許多的職位跟公司被取代(時代的眼淚啊 ~~),因為不想變成「被消失的物品」,我一直期許自己要成為到哪都可以上線使用的多工人才,能夠跨在 2~3 個領域執行、溝通甚至管理,走到哪,都不用怕老天不賞飯吃,也因為科技永遠沒有最新,只有更新,所以我的人生觀是,就算沒有「高學歷」,但一定要有「高學力」。

不管幾歲都擁有學習的熱情,年齡在職場上只不過是履歷表上的一個數字罷了。雖然轉職之路看起來很像是「且戰且走的」,但我不讓自己成為「且暫且走」的人。

用熱愛自己的姿態對明天的我告白

曾經,我是個背產品稿會把「大螢幕」說成「大冰箱」的菜鳥,進化到廠商十分鐘前才生出稿子、臨時改變節目流程,都能穩住突發狀況、在台上游刃有餘的展場主持。

作者序

從通告都不會發的菜鳥節目執行到找藝人合作能拿到友情價、一邊寫企劃還可以一邊找到新人來試鏡的節目組執行兼任統籌。

從「三無」社會線記者（不會連線、不會過音、不會寫稿），到看圖就能說天氣講故事的氣象主播；進化為即使馬上地牛翻身、天搖地動，也無法撼動我堅守崗位的新聞主播精神。

回憶過去，一切都只是為了「不丟臉」、「不被罵」，純粹是「求生本能」監督我所做出的努力，我明明不是新聞系出身，連掐都不會掐（掐掰：擷取訪問重點內容的能力），但我為了活過三個月的試用期，週末跑警察局，拿著名片去跟台北市各分局的偵查隊長尬聊、邊騎車邊練習怎麼連線，等到記者工作熟練之後，長官又點名我去做主播試鏡，為了不丟臉，在自己租的套房床上擺著懶人桌練習當主播。

有誠意的努力是對別人的感謝

我得到一張又一張的門票，身邊的貴人很多，雖然總是踏上不熟悉的領域，卻獲得很多同事的教導，難道是我的同事運比別人好？
當時同期的同事大笑：「妳像雜草一樣，被罵不怕、被笑也不怕」、「那時候從節目轉進新聞部，雖然年紀比我們大，但不會死要面子，很敢發問，也很有禮貌，所以我們願意教妳。」

也記得剛到人力銀行的時候，身兼中午直播節目的主持、腳本企劃、執行製作、通告統籌。對網路直播完全不熟悉的我，再次歸零請教大學剛畢業的同事，更不用說，記者會的數據調查、發新聞稿、尋找個案等等，這些我一概不通的全新挑戰，也都是從同事們身上一點一滴「偷師」而來。

職場上的活路是：觀察、觀察、觀察，求教、求教、求教，這看似簡單的動作，
其實藏有許多小細節，畢竟我們也不能浪費別人的時間啊。

每一次都要記得歸零

我在職場上，也很重視「團隊精神」，根據這些年的經驗，
要達成一個出色的重大目標，只有一個「明星」或「英雄」是肯定不夠的，
有的時候，適時的把光環，分享給和你一起打拼的夥伴，
多數人會更願意和這樣的人一起努力，獨善其身的類型，
就算往上爬，但沒有人和，往往也很難封頂。

最根本的，還是每一天心態重新歸零的精神，
每一份工作上任前，甚至每天上班前，重新開機，
讓自己永保好奇，持續在進步的軌道上前行。

最後，謝謝你們喜歡總是做自己的我，
讓我們一進入玩工作、晾生活都享受的美好時光。

如果你也有自虐狂，
歡迎加入寫作的行列，
過去的人生經驗，
會告訴我們很多
自己都沒發現的寶藏。

導電？觸電？不同心理創造多變局面。

生活就是有不同的挑戰。

和副社長高木大成十多年後再見，一點都沒變。

職位是會消失的，有了訂位系統，已經不需要總機了。

目錄 *Contents*

Chapter

03

因為不想被罵的求生意志 坐上主播台

目錄 *Contents*

Chapter

04

下一個五年是什麼樣子

Chapter

X

番外篇

Chapter

01

小雜草精神

職場初體驗

懵懂高校生
小麥胞轉大人

○ 職位：工讀生
○ 工作內容：廚房煎煮炸＋外場麥當勞姊姊

十六歲的花樣年華少女，有些人沈浸在愛情小說世界裡、有些人忙著活出精彩的高校生活，而懵懵懂懂的我，卻急著「轉大人」，想要媽媽肯定我、想要做點事證明「自己長大了」，打工賺錢、經濟獨立是一種方式，但是一個學生能幹嘛呢？工讀生市場的大戶—速食業，似乎是不錯的選擇。

不知是命運的捉弄，還是上天的安排，某天在住家附近的百貨公司，遇見一位陽光朝氣、笑容滿面的哥哥，攔住我的去路，當下心想：「這傢伙要嘛是搭訕，要嘛就是直銷。」，就在這時，他突然遞出一張傳單問我，「有沒有興趣加入我們？」，仔細一瞧，果然是「招兵買馬」，不過不是直銷，因為他的衣服和傳單上，有個幾乎無人不知、無人不曉的黃色M字LOGO，對，沒錯，就是速食業龍頭「麥當勞」啦～

儘管當麥當勞工讀生，收入並不高，但是對當時的我來說，世界那麼小，工作哪裡找，能在知名品牌工作，好像被證明了甚麼，還真是有那麼一點榮耀。隔天，我就一身輕便打扮前往分店面試。毫無面試經驗的我，開始要接受大人世界的挑戰，心裡多少有點緊張和忐忑不安。幸好老天保佑，我的面試官是一位臉上掛著親切笑容、盤著包頭和穿著襯衫窄裙的姊姊，這樣的打扮，肯定是另外一個境界，果不其然，她是分店的值班經理，當主管的效率很高，劈頭就問：為什麼想來麥當勞打工呢？

「當然是為了打工賺錢啊」，不對，太現實。

「因為大哥哥很熱情的問我要不要打工」，不行，太沒主見。

思考了三秒，想起剛剛進到店裡頭，有小朋友在辦慶生會，我看到那些麥當勞姊姊的笑容，就回答說：「我想當麥當勞姊姊，我覺得可以帶給小朋友很棒的回憶。」這不只是符合年輕人有理想、有熱情的答案，更發揚了麥當勞精神。嗯哼，看看經理姊姊臉上滿意的笑容，應該是過關了吧！

三秒鐘，停一下、想一下，也是和媽媽從生活細節培養出來的。

大人的職場世界，有時很複雜，也不是要大家說謊，而是在很多情況之下，你必須選擇「最適合的答案」，也就是顧及對方心情的回答，容易使結果變雙贏、三贏、大家都贏，而且冷靜是應急之道，看看「冷靜那三秒鐘」，對我後來發生的所有事情，都給了幫助。

值班經理姊姊又接著問了第二個問題：「你比較想做廚房還是外場呢？」

這個問題，對一名沒有廚藝的花樣少女來說其實很簡單，廚房的工作人員，穿的制服是 POLO 衫加黑長褲，為了衛生因素，還要戴上白色的廚房用網帽；外場的接待人員，穿著漂亮的襯衫跟領巾加窄裙，模樣專業幹練又親切，要是你，選哪一個，我脫口就說出心中最想要的答案：我想做外場！

然而意想不到的是，隔天正式上班，我的獎勵卻是獲得深色 POLO 衫加網帽一組（咦？這 ......），哈哈，想要在外場服務顧客，先得學會廚房作業，基本功練好，服務才會好。

錄取獎勵是一頂廚房用網帽

就這樣，我的小麥胞職涯，就從內場開始。

速食業之所以稱之為速食業，不只消費者可以很快的吃到想吃的食物，也因為出餐的速度超快，（天下功夫，唯快不破，這一點，在速食業也通用），原因之一就是有所謂的 SOP 標準化流程。

當時麥當勞的內場必須過五關，從「雞塊站」開始，接下來「薯條站」，小、大薯條在份量上的拿捏，依靠的是鏟子幾分滿的經驗。第三和第四站，是我個人最討厭的「冰火五重天」，冷凍庫的冰冷，我不怕，也沒有大型冷凍庫恐懼症（被鎖在冷凍庫的電影情節看太多而造成的被害妄想症），單純就是嫌麻煩，因為每進一次冷凍庫，如果拿外套穿上，就必須再經過消毒、穿上外套，在趕時間的情況下，還要穿穿脫脫是很煩人的，所以，我都在消毒之後，以跑百米的速度衝進去取肉品，再把取出的肉品，放進預熱箱。

而所謂的預熱箱，簡單來說就是讓冷凍食品快速解凍，因此溫度高會燙手，就算「進廚房就不要怕熱」的道理我懂，但是燙一次可就終身難忘，女孩子嘛，誰會希望自己的玉手遭殃，偏偏這是產品製作流程的其中一道手續，那可是得心細膽大啊。

再來烤漢堡皮，其實速食業的製作流程 SOP，都經過設計，兼顧衛生、速度到作業安全，只是「馬有亂蹄，人有失手」，某天因為上課太累，轉換成小麥胞身份的時候，腦子已經有點恍神，原本應該要用烤盤取出的漢堡皮，我竟然伸手進去拿，這一燙，讓手指的皮都剝了一層，嚇壞了一起工作的內場阿姨們，一個抓著我去沖水，一個則是拔腿狂奔去拿燙傷藥來給我敷上，雖然皮肉痛，心中卻是很溫暖，到現在還記的麥當勞阿姨拿的那瓶古老的葫蘆狀燙傷藥。

不只照顧你也肯定你的麥當勞阿姨

阿姨們很像幼幼台的姊姊，總是用自然有活力的語氣鼓舞人心，比如說：「對，你做的好棒，就是這樣。」可能我是正確執行 SOP 打醬打兩下的規定，或是鋪生菜也會被讚美很有天分、鋪得很漂亮，當時十六歲的我只感覺：我一定要表現得更好。本來一分鐘只能做一個漢堡，我就會想練到一分鐘做兩個漢堡，為這個工作盡一份心力，因為我在這裡很有成就感。
工作之外，阿姨們也會關心工讀生的健康，我的員工餐就會被勸說「要去冰」，不然不健康，簡直是媽媽魂上身。

這也難怪不少服務業或餐飲業，喜歡雇用二度就業的阿姨叔叔，擔任店長或幹部職務，不論是中年級實習生或者是高年級實習生，在歷經人生滄桑或職場起伏後，熟知人情世故，比較有耐心或同理心，甚至沉著冷靜的態度，對於雇主或企業高層來說，多了一些安心或信任。

要做吉祥物也不是件容易的事。

歷經每天在廚房的闖關遊戲，沒有出大包，偶爾受點小傷，算是安然渡過考驗，表現也獲得店經理的肯定，我終於被通知「明天開始站收銀」的指令。要知道，站收銀可不是那麼簡單，數學要好、反應要快、耐性要佳、態度要親切，沒有三兩三，是無法站收銀的。

給顧客不合理但雙贏的回答

熟記按鈕，記住統編輸入的方式，對零售或餐飲業的收銀台人員來說，是基本功，麥當勞的要求更高一些，收銀台人員要細心的提醒顧客，如何搭配比較省荷包，（真的只是為了顧客省荷包嗎？其實是創造雙贏的局面）。為了這個看起來貼心的動作，腦袋瓜需要清楚的記住品項跟數字，簡直是記憶力大考驗，特別是忙碌的時候，得變成三頭六臂的超人，如果你的口、眼、手不協調，還真的難以負荷啊。

在一個像「麥當勞」這樣的國際連鎖速食業龍頭工作，儘管是最基層的員工，都可以感受到，甚至學習到成功的企業文化，紀律要求嚴格、講求團隊精神、注重成本控管，一切 SOP 化，包括番茄醬、沙拉醬要按幾次，炸物下鍋需要幾分鐘，成品做出來後在保溫箱能放多久，都有非常嚴格的規定，不只是成本，也是維持口感一致，超過時間的食物更不能偷吃掉，一定要全數報銷，這些都成為我後來在職場上可以實踐的精神。。

外場人員，就是餐飲業或服務業，接觸顧客的第一線，因為和人接觸，最是考驗臨機應變和注意情緒處理，店經理曾經說過，外場就是要「在不違反公司制定的原則，盡量滿足客人的需要」，幾乎是以客為尊。

曾經有一位顧客，買了一盒雞塊卻要五盒糖醋醬（當年糖醋醬是免費），偏偏我覺得似乎不太合理，心想：「你最好是一塊雞塊沾一盒醬」，在兩秒鐘的內心交戰之後，我趁備餐離開的動作走去問主管，值班經理說：「你沒有錯，要這個數量確實是不合理，但是如果五盒糖醋醬能讓客人一整天的心情愉快，就給他吧！」（現在想想這個經理還真的佛心來著！）明明不合理，值班經理還允許這樣做有其道理，餐飲業，滿足顧客的並非只有口腹之慾，在心理層面上，顧客的滿意會讓他吃得更開心，業者儘管吃點小虧，卻能夠帶來良好的評價和口碑傳播，創造雙贏的局面。然而不可避免的，也可能讓部分顧客食髓知味，一劍雙刃，有利有弊，如何照顧顧客的需求和情緒，並且遵守公司規定，就像天平的兩端，平衡得看外場人員的經驗。

從收銀機拿二十元公款可以嗎？

維持平衡並不簡單，在每天點餐不斷兵荒馬亂的時刻，有時候，甚至可能讓員工站在法律邊緣。某一次站收銀台的時候，有位小朋友跑過來說：「阿姨！我二十塊掉在遊戲區的溜滑梯下面。」（小朋友還真是沒事找事），但是問題還是要解決，因為在收銀台忙得抽不開身，我趕緊轉頭問主管，可否開收銀機先拿二十塊給小朋友，忙完之後再去補回來？沒想到，值班主管直接進到辦公室拿出二十元要我交給小朋友！

當然，在打烊之前的清潔工作時，我用掃把的桿子在溜滑梯下方把錢撈出，還給了經理，經理也讚賞我的服務表現和臨場反應，只是心中還是疑惑，金額那麼小，為何不立刻用收銀機的錢解決？原來經理讓我上了一課，不要為了一時方便而動到公款，一旦忙忘了，會造成自己和公司的麻煩，讓我在轉大人的職場上學到一個很珍貴的領悟。

我的麥當勞職涯旅程幼幼班，在愉快又忙碌的情況下，一年後宣告畢業，留下閃亮的記憶……。

P.S.

● 停一下、想一下、冷靜三秒鐘，是智慧也是一種溫柔的體貼。
● 不要為了一時方便而動用公款，界線就是界線。

不務正業卻幹得好
日夜兩份差的斜槓滋味

○ 職位：遊戲測試及討論區管理員、模型代工
○ 工作內容：遊戲管理員、遊戲討論區發文管理 (白天)、改造模型接案 (晚上)

「斜槓」這個名詞，是這幾年冒出頭的一種職場新潮流，不過說白話一點，就是在你的主要工作或技能之外，可以幹很多事、有很多專業能力，趣味一點的解釋，就是「不務正業卻幹得好」！早在二○○二年，我就已經開始「斜槓」，不是只為了賺錢，而是我就是閒不下來，沒有「工作狂」卻要當「工作狂」，因為在當時我覺得工作很好玩，就像平時打 BOSS，獲得的成就感，遠遠勝過生活上的大小事帶給我的快樂，有錢賺又覺得有趣，何樂不為呢？

而且人生的意義，有時候在於「關關難過，關關過」，那種過關斬將的成就感，很讓人著迷，包括在職場也一樣，我大部分的轉職理由，都是因為覺得「擊敗大魔王」、「破關了」、「升級了」，才會想異動。喜歡打電玩的朋友一定有這種感覺，玩線上遊戲，通常玩到二轉、三轉之後，就會想換遊戲挑戰，因為再轉下去，瞇著眼睛都知道怎麼打，沒了成就感，遊戲也失去意義。（我自己是這樣啦~）

還記得那年十七歲的尾聲，純粹因為愛玩 RPG 遊戲，抱著一顆探險的心情去「昱泉國際」，應徵遊戲測試及討論區管理員，天不怕地不怕，只要有遊戲打都不算辛苦啦，印象中在等待面試的時候，我壓抑著興奮的情緒，盯著牆上的一張張遊戲海報，腎上腺素分泌，到現在還記得那種心情。

畢竟對一個電玩愛好者來說，打電玩還能賺錢，真是天上掉下來的禮物，當時面試官帶我到電腦前面，打開一個 3D 對戰遊戲「流星蝴蝶劍」，要我試玩看看，再告訴他，遊戲有什麼優缺點，真的是我的媽啊，我竟然能評價一款最新遊戲，而且還是很潮的 3D 遊戲，心中真的雀躍不已。

常常「順手」雞婆一下

3D 遊戲對現在的玩家來說，根本是基本款，但是想當年，3D 對戰遊戲可是相當罕見，更何況還是武俠 3D ！！而且玩遊戲可能就有工作機會，怎麼算都划算，於是認真玩了十分鐘之後，我告訴面試官，「角色轉身的時候會卡到牆角，比較不順暢，招式的選擇可否增加……」blah blah 的一堆，印象中，當天就被錄取。

看我這樣介紹就知道，這個工作真的是很多電玩迷心所嚮往之，想想看，實際的工作內容，包括測試遊戲順暢度，並且維護討論區的秩序，還要引領一些討論話題，愛玩遊戲的人不但可以深入玩遊戲、廣泛和網友接觸，還可以主導話題，聽起來相當不錯吧。

而且忙完這些手頭上的基本工作之後，我還會晃到遊戲基地（gamebase 知名遊戲社群），因為愛玩遊戲的人一定會到處找攻略，所以晃到「流星蝴蝶劍」的討論區，或是其他遊戲 PTT，去看一下有沒有人有問題，順便解答一下，幫助別人打遊戲更順暢，也因為這個我認為「只是順手」的「小動作」，主管對我讚譽有加。

發現美麗的藍天大海，就像你永遠猜不到下一個轉角會看到甚麼風景。

沒熱情的工作比沒錢還苦

有人說，當興趣變成工作，就不是興趣，熱情將會消退。不過我可不這樣認為，看看大家的現實生活吧，狗屁倒灶的事夠多了，可能出門遇到塞車，下車踩到狗屎，進公司跟討厭的老闆坐同一部電梯（哈哈，應該很多人不喜歡吧），最可怕的是還遇上大姨媽......，最後手上還要做一份自己不喜歡做的工作，還有什麼比這樣的一天更苦？

大部分的上班族，工作「至少」佔去了週一到週五的三分之一，然後這三分之一的時間，都要做著自己討厭的事（人生好苦......），以我自己來說，如果給我三倍薪水，卻要我做完全不喜歡的工作，浪費只能活一次的人生，我完全不會考慮。熱情，是讓人在辛苦工作當中堅持下去的原因之一，當然個人的選擇不同，不過既然你願意翻開這本書，不管你是花錢買的、借的、路上撿來的（？），我都希望至少能把這件事情告訴你，那也不枉費我們這段奇妙的緣分了。

從愛好斜槓出去

嗯哼，話題似乎扯遠了，但是請了解，對工作的熱情很重要，就連剛剛說好要聊的斜槓，也是一樣。一路以來，我做的工作都是自己喜歡的，斜槓也不例外，當時的我除了愛看漫畫、玩電玩遊戲之外，也很熱愛塗裝模型，你想得到的，像是軍艦、戰機、鋼彈、Blythe(人形玩偶)，舉凡消光、舊化、漸層等等都難不倒我（別說我唬爛，難道女生不能喜歡模型嗎？）只是我老媽很常回家被我嚇到：「為什麼地上都是報紙？」、「家裡怎麼都是油漆味？」，或是拔開 Blythe 的頭，一邊幫眼睛換零件，一邊倒掛栽進「大龍熱染劑」裡（尼龍絲只能用熱染才會吸收顏色），讓我媽花容失色的大叫「妳為什麼要拔開娃娃的頭皮！！！」。

然後我會幫這些作品拍一堆美照,曬到當時正紅的無名小站,陸續開始有人找我改娃娃、改模型,我把這些賺到的錢再拿來買素材,改完以後再放到奇摩拍賣上,還記得有一次的作品就讓我淨賺六千元,對那個年紀的我來說,能邊玩邊賺錢,就算常常白天當遊戲測試員,晚上改模型弄得滿頭大汗、兩眼痠澀,我也樂在其中。

媽媽很抓狂?

斜槓青年通常很難兼顧家庭(還是應該說是斜槓打工族?),當時我媽對「玩遊戲、上網」這類型的打工很反感,但多數的恐懼來自於「未知」,我曾經一整個暑假都宅在家裡沒出門,做模型、接網路打工、吃便當,媽媽對我完全不出門很擔心。我想,媽媽不了解所謂的網路,就算解釋也不一定聽得懂,所以我不但會跟我媽分享打工遇到的趣事,下班時間也會幫忙「奶好」我媽不斷撿回來的流浪小貓狗,後續幫他們在網路上找到有愛心及耐心的主人,因此讓媽媽了解,網路並不會帶壞女兒,重點在於人的選擇,也讓我有感,兩代或三代之間的代溝,用心做事比用力解釋,強而有力多了。

P.S.

● 不做完全不喜歡的工作,浪費我只能活一次的人生;沒有熱情的工作,比沒錢還苦。
● 世代之間的「溝」,用心做事比用力解釋,有用多了。
● 有沒有努力,別人又不是瞎了,只是看破不說破。

轉頭看，不是因為後悔，而是想看這一路學到了甚麼。

謝謝主編幫我打破框架。但，我的偶包真的很重嗎？你們評評理！

當你歡樂乾杯時
背後有個總機小姐…

○ 職位：總機、企業刊物編輯
○ 工作內容：總機訂位、季刊編輯

顧客永遠是對的？ 對，也不對

吃，滿足的不只是口腹之慾與心理的愉悅，也會增添食物的美味，所以餐飲業要成功，不但要東西好吃，對顧客的服務更是重要，試想，食物再好吃，服務人員一臉大便，甚至打電話詢問訂位，電話那一頭傳來冷漠不耐煩的聲音，在心裡○○××之後，你還會去消費嗎？服務對現在的餐飲業來說，可以說是決定生死存亡的關鍵之一。

在當完小麥胞之後，我並沒有刻意找下一份打工的工作，原因之一，是我迷上了那個年代很夯的 PTT，大部分的時間都在電腦前，哪有空去找工作。還記得第一次接觸 PTT，就像發現新大陸一樣，未知的世界總是有無比的吸引力，有好一陣子，幾乎天天沉浸其中，萬萬想不到，裡頭竟然也有類似人力銀行功能的打工版。

某天看著看著，發現一家日式燒肉店「乾杯」在找總機小姐，而且時薪一百元，高於當時工讀生平均八十五元的時薪，心想：有吃有拿不錯喔（哈，學生是單純的），於是抱著姑且一試的心態丟了履歷，ㄟ，很快的我就接到了面試通知電話。

話不多說，隔天就前往台北東區面試，還記得主管給了我一段「訂位台詞」，畢竟是當過餐飲業收銀台人員，第一線面對顧客的本領沒問題，我以老媽對我親切、溫柔、開心的語氣（哈，我考試成績不佳可就不是這樣了），相當流暢地說了一遍台詞，果然，第一關很快就通過。

總機小姐說話術：慢、柔、準

當個知名連鎖燒肉店的總機，光是親切溫柔當然不夠，面試主管接著給我臨時考題，顧客如果要訂位的時段都滿了，該怎麼辦？
「叫他不要吃啊～」、「下次再來吧！」，這樣回答的下場，要嘛，顧客可能不會再來，要嘛，你肯定被投訴甚至回家吃自己，既然是連鎖燒肉店，當然要分流，介紹顧客到附近的其他分店用餐，或是掌握訂位情形，建議把訂位時間提前或延後。這樣的題目不難，主要是應變能力，答不出來就掰掰，還好我曾經是處理過大排長龍、解決老的小的疑難雜症的小麥胞，隔天我就收到了錄取通知。

「我們需要總機的原因，是要掌握好每間店的人流，也可以轉介客人到人比較少的店，避免有些店太擠、有些店反而空到可以養蚊子。」

果不其然，上班第一天，當時的主管就向我解釋總機的重要性，還教我三字訣，當客服就是要「慢、柔、準」！當下聽到這三字訣，我的腦中一堆問號，顧客急得要死，你還「慢」，不被罵得滿頭包嗎？

在餐飲業的第一線人員，面對顧客，情緒控管很重要，心裡再急，都得從容應對，才能有條不紊的解決狀況，當時主管說道：

「慢」，是指講話不疾不徐，寧可講得慢一點，表達清楚，不要客人急，你也跟著慌亂，反而衍生出更多問題。

「柔」，就是提醒我們總機，講話要柔，安撫顧客的情緒，不要造成語氣上的誤會。

「準」，決策精準，腦袋靈活去解決各家店訂位爆滿，或有顧客遲到造成下一桌延遲用餐等等問題，要讓客人來到店裡，就像「回家」一樣的感覺，簡單說「賓至如歸」。

面對的一切 都是「奇檬子」

以「八點乾杯」活動打響知名度的乾杯燒肉，當時全台只有五家店，規模雖然不如現在，不過卻已經展露出日本企業文化和職人精神，小小的一間辦公室，不到十個人的位置，規劃的辦公區域，動線分明，窗明几淨，井然有序，讓人有置身在日劇裡頭會社辦公室的感覺。

「乾杯訂位專線，您好」，拿起話筒，我就是希望每一位顧客都能滿意，只是身為公司的第一道防線的「總機小姐」，難免會遇到很多「關說」電話：
「七點半沒了？我是某某某的特助」、「我是ＸＸ集團老闆娘秘書」，乾杯燒肉

在熱門時段，往往是一位難求，偏偏在這個時候，就有很多「皇親國戚」或是知名人士的助理打來訂位，這類的情況對總機小姐來說，是一大考驗。

就算當下心中想的是：耍什麼特權啊？翻白眼翻上天還是得解決問題，觀察其他總機同仁是如何和顧客「交手」之後，我發現，大家都是有禮貌卻態度堅定的回絕，原因很簡單，「有一就有二，無三不成禮，最後搞死自己。」還記得當時主管是這樣交代的，「妳要記得，開了先例，以後大家都會想當特別的那一個。」，所以不管是什麼「大咖」，通通按照規矩來，所謂的特例，或許可以暫時討好一個顧客，卻可能造成後面更多的麻煩。

而所謂有禮地拒絕，是在對方的感受圈中進行，簡單來說，就算是拒絕，也要被你拒絕的很舒服。

替他人「多想一點」的體貼

「說話，真的是一門藝術」，不只要說得好聽，還要說得有理，為客戶解決問題，才能有說服力，有次顧客想訂東區的總店，為女友慶生，不過，時間是熱鬧的 Friday Night，在「乾杯燒肉」很夯的當時，市區的店當然全部客滿，不過我沒有直接拒絕他的訂位，而是推薦他「要不要考慮訂淡水分店，雖然離市區遠，但吃飽之後，可以在淡水河岸跟老街逛逛，挺浪漫的，女朋友應該也會很開心喔～」，他聽了以後欣然答應，隔天還特別打電話來跟我道謝，一個小小的貼心舉動，就能讓公司和顧客雙贏，這是擔任總機客服的最大成就感。

日式團魂精神　對公司認同度高

總機小姐，雖然職稱聽起來很基層、很 normal，但是只要用心，所見所聞所學，卻可能相當豐富，在「乾杯」辦公室，可以看到各店店長不同的領導風格，衝浪掛的活潑輕鬆、音樂掛的溫柔貼心、也有的比較拘謹細膩，一樣的是，每家店都很講究「團魂」，也就是所謂團隊精神，基本上，所有公司活動，不管是運動會、夏祭，就算是沒值班的人，大家也一定都會到，或許也因為這樣，各家分店良性競爭、比拼的氛圍非常好，每個人都會想為自己的團隊多出一份心力。其實那就是「奇檬子」的問題！因為認同店長是團隊業務核心，放手、尊重各店，創造遊戲中工作，工作中遊戲的氛圍，團隊對公司認同度高，辦公室氣氛融洽，同仁之間互相幫忙、感情好，一旦公司有新的任務，自然會互相協助彼此完成目標。

乾杯在許多小地方都很特別，例如菜單做成雜誌款也是當時首創，並且由各店提供照片，當刊物出爐時每個人看見自己的貢獻有了成果，自然有成就感，這可不一定是金錢買得到的，再加上顧客拿起刊物，看得津津有味給予肯定，更是心滿意足。或許這就是日式團隊精神所帶給大家的能量吧，即便是在工作時間之外，還是會心心念念這個大家庭，並且願意額外付出更多努力，只為了讓這間公司更好。

從美式公司到日式公司，影響到我對他人的態度，讓人感覺舒適、禮貌但不失堅定的處事方式，就事論事，不會因為對方的身份，而改變自己的經營原則。也感受到了，「團結精神」對一間企業的成長有多重要，尤其在提倡團結精神的同時，社長、副社長等主管，也都親自和員工們一起辦活動，一起揮汗努力，讓員工們心甘情願為了整個團隊更加打拼。

P.S.

● 客服的終極功夫就是要「慢、柔、準」。

● 有禮貌卻態度堅定的拒絕，就是站在對方的感受中進行，
簡單來說，就算是拒絕，也要被你拒絕的很舒服。

認　同

拆掉牙套
前進世貿！

○ 職位：展場 Show Girl
○ 工作內容：產品展示

大學生活開始沒多久，我拆掉了牙套（喔耶！應該可以醜小鴨變天鵝吧），除了拍照比較好看，還意外獲得了一些，過去想都沒想過的工作機會。「你笑起來還滿有親和力的」、「要不要一起來世貿打工？」、「拿著產品擺拍介紹產品，時薪就有五百元」，大學同學熱情介紹新的打工職缺，聽起來很誘人，畢竟這樣的工讀時薪，比起之前七十二到一百元的薪酬，翻了五倍之多，而且工作內容聽起來也不困難，當然心動。不過，天下沒有白吃的「高時薪」，錢多事少的好康，我還真不曾遇過，想當然競爭一定很多，我又不是獨佔市場，而「年輕貌美」也不夠差異化，大學的時候，女生畫個妝就可以看起來年輕貌美，誰都可以是女神。

我也好奇到底什麼樣的工作可以領到這麼厲害的報酬，趁著週末去看看同學所謂的「展場 show girl」、「展場主持」，到底在做些什麼？

「這款遊戲結合 RPG 和格鬥，是今年最紅的國產遊戲」、「十張儲值點數卡就能換可愛抱枕喔」，第一次到世貿展覽館，剛好碰上的是電玩展，一眼望去，心中驚嘆：「哇 ⋯⋯ 根本就是我的天堂」，從小就是標準的動漫＋遊戲宅（假日喜歡逛光華商場買遊戲、或是去漫畫店租一堆「抓狂一族」），所以當時看完遊戲展之後，完全沒考慮到工作內容，滿腦子都是我最愛的電玩動漫，立刻答應同學一起去打工，沒想到一切都是我想的太容易。

左邊的小姐，您哪位？

「SG 的案子跟你以前的打工不一樣，要事先拍照做 model card 之外，有些工作，廠商還要另外試鏡，不是妳想去就去，想接就能接，以妳這種嬌小型的身高，站電玩展剛剛好，如果像車展這種需要高挑大長腿的女模，妳就過不了關！」同學真的是有夠直（ㄓ丶）白（ㄅㄞˊ），卻也真的一針見血，讓我少走冤枉路。

在 show girl 或模特兒光鮮亮麗的背後，有很多不為外界熟知的行規，以及需要的能力，不一樣類型的活動和產業，需要的 SG 條件就不一樣，不是外型亮麗、身材高挑就能接到案子，最基本的就是不害羞、願意與人接觸（有人群恐懼症者需克服），簡單的如語言表達能力、肢體動作，難度高的甚至要求外語能力，這錢好賺嗎？很快我知道事情沒這麼簡單。

試鏡就是個殘酷小宇宙

號稱拼命三娘的我，找同學幫忙拍照，PhotoShop 自己調個光，MD card（Model Card）出爐熱騰騰，拜託同學火速寄出，隔個星期就收到試鏡通知。到了試鏡現場，被告知：「自我介紹，然後在一分鐘內介紹我們的產品。」，聽起來沒啥大不了，我也以為我準備好了，結果一開口，便知有沒有，「這是最新款的液晶螢幕 …… 超 …… 超高解析度」，不只聲音在抖，連我的手抖的都可以搖手搖飲了，在旁觀看的試鏡廠商，表情很難言喻，（總之，我糗到了），結果當然不用想。「很遺憾通知這次沒有錄取，好好練習鏡頭前的表現，未來還是有機會！」，初登板就自爆，好像也不意外。

試鏡現場很殘酷，競爭者排成一排，一個一個在所有人的注視下，要自我介紹以及說出台詞。

狀況一

試鏡時突然要來段「暖場才藝」，試鏡的 SG 們像小學生排路隊，一個一個到前面表演，結果排前面的剛好是位「選秀冠軍」，不但會跳舞會唱歌，還能現場來一段「購物專家」的主持，讓評審讚聲連連（只差沒有按鈴跟轉椅子了！）正所謂，沒有比較沒有傷害，後面的其他人，如果沒有準備，就只能傻傻的讀商品介紹稿了，但只端出這種平淡的表現，除非外型條件非常出挑，不然被「下次再合作」的機會高達 99.9%。

狀況二

即興表演「狀況劇」，突然要求表演喝「空氣飲料」、吃「空氣餅乾」，明明雙手空空，還要表現出吃到世界級美味的驚喜表情（相信我，在一群陌生人面前吃那些根本不存在的東西，演出沉浸在其中的感覺，真的超級宇宙無敵尷尬，可謂羞恥度全開），通常有表演經驗，或是比較放的開的活潑型女孩，在這種關卡特別吃香，而當年滿身菜味，又只喜歡宅在家組模型的我，被刷掉的機會則高達99.9%，「下次再聯絡」的殘酷淘汰也是當場發生，一點也不留情面，當然試鏡這回事，一回生、二回熟，面對鏡頭的膽子會越來越大，表情和肢體動作也會越

來越自然，用功一點，加上自我練習，總是會有不錯的表現，我的試鏡處女秀失敗收場，卻也幸運的遇到天使廠商，給我許多如何表現更好的建議，例如：氣場不夠、信心不足、介紹產品像背書、會讓人睡著、與周圍互動感不夠。也因為這個一針見血的建議，我才找到練習的方向，後來也很快的有了第二次、第三次試鏡機會，終於接到案子。

試鏡成功是一回事，真正登上展場舞台，又是另外一回事，SG 不僅要熟記產品資訊，還要練習用親民的口吻，把產品或活動資訊，清楚明白的傳達給現場民眾，如果在現場說得坑坑巴巴，吞吞吐吐，你的面子掛不住，廠商也會白眼＋臭臉，連民眾都可能心裡竊笑（這算客氣了）。當然，SG 的重要任務，就是要讓攝影師拍下美美的照片，襯托出商品的優點，增加產品曝光度，是 show gril 的最大使命。

Show Girl 其實是個體力活

擔任展場 SG，總是會遇見一些很客氣的參觀民眾跟或攝影師，要求合照或者幫 show girl 拍照，有些民眾甚至還可以現場輸出，送我們做紀念（配備連我看了都驚訝），久而久之成了粉絲或朋友。當然也會遇到「醉翁之意不在酒」的傢伙，傳說中所謂「偷拍裙底風光」的惡質攝影師，直到遇到了才知道是真的存在，除了 SG 們會交流一些「黑名單」，該有的防護措施，自然也少不了，甚至大家都會互相 cover，知道用什麼角度，例如剪刀腳、或是蹲下，可以幫忙擋住夥伴，避免走光鏡頭出現。

除了面臨可能的騷擾，SG 簡直是體力活，能坐下來休息的時間不多，腰痠背痛是常有的事，笑久了，連臉部都痠痛，就這樣站了幾場活動之後，有一位展場主持前輩在後台跟我聊天，語重心長的告訴我：「我覺得你們應該去練習主持，主持一場的費用，比你們站一整天都來得多。」、「這行時薪高，但是汰換率也高，大學打工是不錯的選擇，只是大家都愛新面孔，很難做到老」。

走過、路過、不要錯過。

● 妝畫一畫，誰都可以是女神？年輕貌美並不是差異化。

聽前輩的話
升級舞台

○ 職位：主持人
○ 工作內容：現場活動主持

簡而言之，SG 的體力活，錢不好賺，也容易被取代，前輩的話，我聽進去了，在那之後，我開始把試鏡的目標，轉移到當展場主持，需要的功力，也比 SG 再高了一層，從那時候開始，練就出與現場民眾互動，熱絡現場氣氛的功力，「來，我看看誰的手舉得最高」、「還要不要再多抽一組模型」，大部分的時候，活動主持都能順順利利的完成，不過難免會遇到「奧客」，沒抽到禮物的民眾，突如其來的暴走，怒批「妳到底會不會主持啊？」、「沒看過主持的那麼爛的」，一開始當然受到不小的打擊，但是一段時間之後，經驗多了，大部分的突發情況，都可以靠一些臨場反應或小禮物，迎刃而解。

不論是 SG 或者是展場活動主持，工作氣氛通常算是愉快的，只是前輩的話，我始終記得：「大家都愛新面孔，這份工作很難做到老。」所以即使接案工作的薪資累積起來，比一般上班族的薪水還要高，那一份害怕被淘汰的危機意識，依舊時時刻刻提醒我，專業不能只有一種，培養正職工作的專業度，累積職場經驗，才是長久之計。

還有，沒做過的工作不要一開始就排斥，有可能經過練習，反而找出自己的另一個強項，但萬事起頭難，剛開始的準備及學習工作總是最辛苦的，大部分的工作沒有半年以上，很難判定自己是否合適，千萬別在一項工作剛開始沒多久，就說我不行、我不會或我沒興趣，否則可能會錯失一個最適合自己的工作機會。

P.S.

● 人生路上想要貴人多，要「很努力」讓別人看得見。
● 工作和戀愛一樣，沒相處半年以上，很難判定雙方是否合適。

約定一起完成人生大挑戰的二十年好友。

出國也要當小麥胞 (叭啦叭叭叭 ~)。

P.S.

● 沒做過的工作不要一開始就排斥，有可能經過練習，反而找出自己的另一個強項。
● 萬事起頭難，剛開始的準備及學習工作總是最辛苦的。

Monday Blue 嗎？來看看我，我很會講笑話喔～

Chapter

02

電視機
是我的
心靈慰藉

結合興趣的
黃金工作 ?!

○ 職位：民視體育分析師
○ 工作內容：體育分析播報

相差九歲，相較於姊妹關係，兄妹關係，就算是你打我、我打你，感情好，關係也不會太緊密，更何況年紀差太多，各有各的世界。

從我懂事開始，我哥哥已經是不折不扣的青少年，小屁孩的他，有自己的生活圈、交友圈，在家中自成一格，所以爸媽工作繁忙時，我只能當起「鑰匙兒童」，回家開門，家中無人理是日常，孤單無伴也很平常，只是在幼小心靈偶爾還是會感到害怕，所以有聲有影的電視，成了最好的朋友之一，總是要開著電視機，讓家中熱鬧一些，而笑聲不斷的綜藝節目，也成了下課後的心靈慰藉。

那個時候，在我心中埋下一顆種子，希望未來有機會，也能在「電視台」上班，小小的年紀有這樣的想法，實際上，是很傻的，（你以為我要說的是有志氣嗎？XD），小腦袋瓜裡根本不了解，所謂的電視台工作，包羅萬象，小到當助理買便當，大到連電視台老闆都得看你臉色的製作人，而我只是傻乎乎的想到電視台工作，完全沒想到，要如何才能進入電視台上班，要做什麼。

人說，幻滅是成長的開始，還真是假不了，對電視台工作的嚮往，一直到大學畢業前才知道，做夢會比較快。

因為電視圈的特性之一，就是看似開放、實則封閉，工作，通常是透過實習或學長姊及老師的介紹才有機會，即便我唸的是大家口中所謂的「傳播名校」，一堆明星藝人、大咖製作人都是學長姊，但是同校不同系，命運差很多。

傳播學院當中，普遍分為大傳系、新聞系、電影系、廣告系、口傳系等等，我就讀的「資訊傳播系」是近代因應傳播科技的進步才創設，和傳統的傳播系所差很大。在「資訊傳播系」當中，新聞學分比重非常低，主要學的是電腦繪圖、影像設計，設計和後製的比重比較高，在媒體當中位在後端製程。新的系所正是偏向後端製作，並沒有人脈能夠介紹我入行。

深入「棒球興趣」 勇闖電視台

「我的第一份電視台工作，是從人力銀行上找來的。」聽過我這樣說的朋友，總是張大眼不敢置信。

喜歡棒球成為我的敲門磚，原本在大學的時候，只關注國內賽事，當個球迷跟著球隊或球星，一起難過開心，當時在台灣還掀起「王建民熱潮」，我也開始關注美國職棒大聯盟的賽事，當然這時候，看明星的成份依然居多，在棒球運動中所謂的數據分析，我只看到了前面的「數據」，後面「分析」，對我來說還很遙遠。

興趣可以馬馬虎虎，工作卻一點都不能草率帶過，也因為我下定決心要進去電視台，在達成「一定」之前，我又能做甚麼？棒球運動當中的「數字」，經過整理分析，往往有特別的意義，所以在接獲面試通知之後，我花了很多時間，蒐集資料，觀看國內外對於比賽的分析，以及了解美國職棒市場的概況，所以當面試官詢問我對「國聯賽事」了解多少時，我能夠接招並且侃侃而談，這也讓我成功拿到「電視台工作」的第一張門票。

一個人玩角色扮演 模擬面試關卡

將球迷的熱情，轉化成研究分析的精神，去了解其中的奧妙。想像一下，千個萬個數字在你眼前變化轉動，就算眼花撩亂，還是要將它們整理出一個頭緒，可不是件容易的事，甚至詳細到每一座球場的風向、濕度、氣候，都得有個大概的了解。

二○○九年四月，在面試前三天，我甚至安排了「模擬面試」，用想像的方式，針對職務的需求，不斷玩一個人的角色扮演，鎖定美國職棒，想像一下，面試官會問什麼問題，當時我假設五大問題：
「平常有在看棒球嗎？最喜歡哪一位球星？」
「對於美職熟不熟悉，最喜歡哪一隊？最喜歡哪一座球場？為什麼？」
「最近哪一場 MLB 賽事，讓你印象最深刻？」

「對於棒球的數據分析了解嗎？投手和打者大概有哪些數據？」
「你知道什麼是優質先發？自責分和失分的不同在哪裡？」

刻意練習的角色扮演，練到成為反射動作，你就可以顯得游刃有餘，可以很優雅的做著別人應該會很急迫的動作。

死的數據說成活的

因為時差關係，賽事大多集中在半夜或清晨，偶爾也會有上午的比賽，為了有充分的準備，所以我的作息幾乎是跟著賽事在走。你必須緊盯著許多場比賽，仔細聆聽國內外主播或球評的分析，還得同步觀察美國職棒官方網站的數據紀錄。

不只要將賽後得到的數據資料做進一步的分析，還要將它消化成口語化的內容，簡單說，數據是死的，話是活的，「死的要說成活的」，用活潑的方式來吸引球迷聽下去，也是我很重要的功課，比如波士頓紅襪隊芬威球場的左外野全壘打牆，是美國職棒大聯盟全壘打牆最高的球場，也經常擋下一些有機會成為全壘打的平飛球，對於右打者比較多的隊伍，相對就比較不利，我就會用「右打終結者」、「綠色怪物」來形容芬威球場，讓觀眾更有記憶點，也會讓一些冷冰冰的分析聽起來更有溫度。

背稿又是基本功的一部分，為了不顯得「僵硬」，必須反覆的練習。找出一些前輩留下的稿子，不斷的觀看，為此還去翻出家中的卡式錄音機，一遍一遍的錄下自己的分析反覆地聽，自己聽、麻煩前輩聽、長官聽，聽到按鍵都彈性疲乏，三號電池換了又換。

「運動賽事分析師」面對鏡頭，和大家印象中的新聞播報比較起來，必須更有情緒，通常是熱血跟輕快，不只說話的語調是關鍵，手勢的變化也很重要，尤其是對一個菜鳥來說，為了要記住分析內容，往往忽略表情和肢體語言，於是強迫自己在說話的同時，去發想出對應的動作，就這樣日復一日的練習著，練到成為肌肉記憶的動作，真的上場時，一切就變得如此自然又生動。

- 準備是為了「一定要」。在達成「一定」之前，問自己能做甚麼。
- 興趣可以馬馬虎虎，工作卻一點都不能草率帶過。
- 角色扮演，刻意不斷的練，練成肌肉記憶的一部分。

有看過主播台上的 pizza party 嗎?

幫同事加菜,拚新聞更有勁。

統籌聽起來挺響亮
Why not?

○ 職位：壹電視節目執行、統籌
○ 工作內容：節目統籌

在民視播報運動賽事分析的期間，整體收入還算不差，因為一邊兼著這份幕前工作，同時我還接了一些活動主持工作，斜槓青年的收入，比起正職上班族的薪水，有過之而無不及，然而要一輩子這樣幹下去嗎？嗯，好像也不是辦法，而且現實擺在眼前，年齡漸增的焦慮，加上活動主持人新人輩出，似乎該思考一下未來該怎麼走。

如果你認為我的觀念是比較傳統，沒錯，對於 X、Y 世代的人來說，斜槓還是得要有正職搭配比較妥當，長期做著賽事分析播報以及活動主持的兼職，對職涯發展來說，未必稱得上是好的累積，以及我不了解整個電視節目的製作流程，只稱得上是一個在螢幕前 blah...blah... 的人，內心常常沒有自信，而且在討論要播報的場次，前輩們認為我提出的場次不會有人看，但我「覺得」會有趣，卻沒有理由能說服對方，啟發我去認識整個節目製作，也相信充實好了，自己將來在幕前幕後都會很自在。

所以我開始計畫找一份穩定的工作，我是這麼盤算的：

現場活動的主持經驗

$+$

體育賽事的分析播報

$+$

幕後的企劃執行

$=$

完整的電視工作歷練

對當時的我來說，擁有幕後實戰經驗，是讓自己在電視圈可以走得更長遠的要素之一，在二〇〇八年初期，電視台的數量或營運狀況，還處於巔峰的戰國時代，剛成立的壹電視，高層更是有雄心壯志，大舉招兵買馬，我心想，傳統電視台進不去，那麼不如去新的電視台試試看吧，如此一來，從成立初期的籌備到正式營運的流程模式，都可以一次學習到，是個很難得的機會，不過問題來了，競爭者眾，沒有節目製作經驗的我，該如何獲得人資主管的青睞？

一本與眾不同的精裝履歷　敲開正職大門

丟一份表格式的履歷，好老套，絕大部分的應徵者都這樣做，要異軍突起吸眼球，我在基本的學經歷介紹之外，我還附上了一本圖文並茂的精裝實體PPT，裡面使用了我擅長的軟體將作品集合起來（與眾不同，才有看點），直接寄到壹電視，當然也同時透過Email寄過去。而這一招，真的奏效，不出三天，壹電視的人資部門打電話通知我去面試，我剪好頭髮、上好妝、穿著亮眼的套裝，提前抵達了

有注意到那個腰嗎？化妝師的身材常讓我「亞力山大」。

謝謝你們喜歡做自己的我。

指定地點，事實證明，在應徵者眾多的情況下，花點巧思和他人不同，的確能有較高的中籤機會。（但是要提醒大家，既然要出招就用心點，不然很可能是反效果，害自己白做工。）

面試當天，一進電視台，就遇見一位說國語卻有濃濃香港口音的主管，劈頭就問：「你就是 Vivi?」，（哈哈，這效果還真不錯），很明顯的，我真的引起部門主管的注意，他對我露出親切的微笑說：「ＨＲ說有一個女孩子很積極，所以我多看了一眼照片，加油。」還沒面試就被認出來的我，有點受寵若驚，算是成功的第一步，讓後續的面試一切順利，這證明一件事：你有多積極，履歷就看的出來。隔週我就到節目部報到，擔任執行製作，這算是真正的踏入電視圈。

工作加量不加價 真的虧大嗎？

當時的工作內容，就是從新聞時事當中，找出節目內容的主題，要知道，對電視台的新聞性節目來說，內容沒有最吸引人的，只有更吸引人的，而且節目提案內容絕對不能只有一個，因為萬一被「主管」打槍，卻又沒有備案，在會議上就只有「被洗臉」的份，所以即便當天可以選擇的題材很少，我還是習慣多列幾項出來，在會議上提供給大家投票，（質好量多，努力才比較會被看見），就這樣的日復一日，當好組上的小螺絲釘。然而很多時候，機會在你的預料之外，當時組上的統籌還未到職，部門缺乏一個能與各部門溝通「喬事情」的窗口，於是製作人問我，願不願意在執行企劃的工作之外，兼任統籌，我當下毫不猶豫一口答應。

或許你也是這樣想:「你傻了喔?」、「蛤!你好吃虧喔,才領那樣的薪水,卻要做這麼多事情」、「你的工作與收入沒有成正比,這樣划算嗎?你甘願喔?」還記得我那時候在電視台身兼兩職,卻只領一份工作的錢,每天超時工作,從帳面上來看,身邊的人都覺得我「虧大了」。但是「天將降大任於斯人也,必先苦其心志、勞其筋骨、餓其體膚」,這番道理,你肯定會說很八股,對,但換個角度來看,偏偏現實就是,你不願意,就失去學習的機會,對一個剛入行亟需學習機會的我來說,如果想要繼續在電視產業有更好的發展,又或是要轉業去相關的行銷、公關行業,勢必得讓自己累積更多子彈跟武器,這樣跨部門的溝通經驗,會讓自己非常加分,Why not?

所以當時主管問我,願不願再接下來「統籌」一職的時候,我欣然地答應,(「統籌」聽起來,也挺響亮的不是嗎?哈哈,當然得抱著一種「我的肝還很新鮮」的精神豁出去!)。這個職務,不但能讓我快速認識各部門的主管,也能熟悉節目製作的所有軟硬體流程,甚至連藝人的通告費(ㄟ,不少八卦喔,哈)、攝影棚租借、道具費用的議價和預算拿捏,都在這兩年內摸透,也培養了我企劃、執行、統籌一手包辦的能力,只是電視節目的製作過程,往往「天有不測風雲」,三不五時會遇上節目要開錄了,卻不斷出包的情況......

狀況一

(錄影當天藝人突然取消通告。)

經紀人：「真的不好意思，因為我們家藝人突然發燒，真的沒辦法錄影，今天場次要取消，真的很抱歉 ......」

我：「好 .... 的，請他好好休息。」(我腦海中除了 OH MY GOD 怎麼辦之外，開始把心目中的救火名單列出來，趕快先撥號給 PLAN A)

我：「ＸＸ早安～～，因為今天我們臨時更動主題，突然這樣真的很不好意思，但我們真的很希望這個主題你們家ＯＯＯ一定要在，不然一定不精彩，拜託拜託，我收工後請你們吃飯？」

俗話說與人為善、和氣生財！這個時候平常的廣結善緣就能夠幫自己一把。

狀況二

(眼看著錄影時間逼近，來賓竟然連人影都沒看到，電話還一直通話中)

我：「哈囉，兩點要錄影囉！化妝師在問怎麼還沒看到你？大概還要多久呢？」

A：「我塞車塞在路上，可能還需要十到十五分鐘會到。」

(眼看著主持人、來賓陸陸續續的就位，來賓還塞在車陣中，那場景真的讓人冷汗直流)

我趕快和主持人溝通：「ＯＯＯ塞在路上，好像是交流道那邊有車禍事故，我先幫他準備頂帽子，等下不吹頭髮直接用帽子幫他做造型，可是應該還是會晚到十五

分鐘，可能要先請二位跟現場來賓聊一下，等下人一到我馬上帶進來。」
（雖然已經快被嚇瘋了！還是要強裝鎮定，趕快跟主持人、其他來賓協調，不能讓
他們被來賓遲到的突發狀況影響錄影心情。）

擔任節目統籌，「人和」很重要，不論是和幕後的工作同仁，或者是螢光幕前的
主持人和來賓，關係都要好，煩惱比較少，簡單來說，互相幫忙有依靠。例如，
不是太常遲到的來賓，一旦發生遲到的情況，基本上，只要把原因解釋清楚，主
持人就會幫忙打圓場，或者其他來賓會願意幫忙 cover，只是等待開錄之前，最
怕的就是冷場，因為大家的注意力就會落在何時開錄，這時，我會採用「關心拖
延法」，先聽聽看大家在聊些什麼，適當的插入話題，或是用關心的方式，從生活、
健康、工作、或是最近的新聞開始著手，就能將話題繼續延續，例如：「你最近看
起來瘦很多，用什麼辦法瘦下來的呀？」、「我最近都沒睡好，你們有推薦的保健
食品嗎？」、「最近某公司財報不錯，我有點想進場！」總之，愛車的就跟他聊車，
愛運動的就跟他聊運動，財經專家就跟他討教理財，人都喜歡被關心、被理解、
被崇拜，好的話題，除了可以讓大家不覺得等待時間那麼漫長，也可以讓自己從
聊天中多學一點前輩的經驗，一兼二顧、一箭雙鵰！

狀況三

儘管有些時候，一拖再拖，能用的招數都已經用盡，遲到的來賓依舊沒現身，那
就得使用終極招數，「再來詳細的對節目流程」，就是把節目主軸再對過一次，
一來拖延時間，二來和每個來賓針對可能比較不確定的細節再對過一次，能讓節
目進行得更順利，99% 的情況下，順完一遍，遲到的來賓已經抵達，差不多可以
開錄。

相信你不禁要問，最好是每一次都有效，是啊，總是會有連最後一招攻擊都無效的時候，怎麼辦？嗯，說實話，除非不等了，馬上開錄，不然，這時候就無招勝有招，當做啥事都沒發生，等下去吧。因為有些人，就像「陳淑樺」的歌詞：「有些人，你永遠不必等」，他就是會遲到，而且人還在西區，他會告訴你：「快到了，我在壹電視附近」，夠瞎吧。

做電視談話節目，就是會遇見「大魔王」，一般來賓遲到十分鐘之內，人之常情，算小事，畢竟一天跑數個通告過活的，大有人在，趕場遲到不算奇怪。只是經常遲到三十分鐘以上，又或者是遇到傳說中的「遲到大魔王」，要是你當統籌，如果想法又直又嗆：「很簡單嘛！那就不要發他通告就好了」，肯定有朝一日，你會完蛋，因為必須要向現實低頭，有些來賓就是「市場寵兒」，可能只要他出現，收視率一定不會差，或者他出現，現場氣氛超嗨，這時就要先觀察來賓平時的習慣，敲通告，必要時跟他把錄影時間提前，留點緩衝時間，照顧大家，保護自己。（雖然聽起來有點「壞」，但為了顧全大局嘛，每個人都遲到十分鐘，加起來可就不得了！）

愛聊，聊出互相幫忙的夥伴

做電視談話節目，除了「敲通告」這門與人對話的藝術，有時候也要出外景拍攝，就會需要其他部門提供支援，而「統籌」，就是什麼事情都要管，所以在我接下這個工作的時候，我就訂下一個原則，一有空檔或休息的時間，要多多主動地去跟其他部門的同事交流、寒暄。

當時身兼數職「多工型」的我，抱著「肝還很新鮮」豁出去了。

俗話說，「見面三分情」、「無事不登三寶殿」，電視節目的製作，靠的是團隊合作，所謂的團隊可大可小，總是會需要其他部門的協助，像是節目來賓參加錄影，臨時說開車到電視台要停車，殺得製作單位措手不及，要是跟保全警衛的關係不好，喬停車位能不先被批一頓嗎？平常沒事多跟同事和朋友接觸，情感的交流、累積，就是從日常一個個小動作開始的，加上我很愛請教人家問題，問一問就變成聊天，往往為自己日後的工作帶來不少幫助或便利。

很多人覺得「我做這個又沒用，幹嘛做」，但我一路下來，總做很多人覺得「沒用」的東西，可是我得到的機會，常都是因為做了這些別人眼中沒用的東西，而我只是覺得「順手、沒差」，同樣上班時間坐著也是坐著，不如多累積經驗，就像打遊戲過程中遇到的 NPC，可能會拜託你做一點任務，聽起來和練功打怪沒甚麼關係，而且 NPC 給的獎勵有時不是太好，所以也有人不愛理會，但我一定會達成任務，就算獎勵不好，我也盡力了，沒差啊。

P.S.

● 不計較人格還是有市場，當好每天的小螺絲，很多時候，機會在你的預料之外！

Break l

下班後，斷開魂結、斷開鎖練，放鬆吧！

這時候，來賓請點歌～～

P.S.

● 跨部門的溝通經驗，會讓自己非常加分，Why not?
● 一個原則：有空檔或休息的時間，要主動地去跟其他部門的同事交流、寒暄。

跳出舒適圈
尋找更多可能

○ 職位：壹電視專案記者
○ 工作內容：專案採訪

人際關係的培養，很多時候會為自己帶來意想不到的發展，從節目執行，跳到新聞記者，這個職缺不再是從網路應徵得來的，而是從我剛剛提到的日常交流之中，意外出現的機會。雖然我只是希望每天的工作順順利利，也沒有遠大的目標，但誰也不知道，未來就像賓果遊戲，儘管現在看起來，點和點之間沒有關係，又有誰知道哪一天會莫名其妙串起來？

「像這個手錶針孔，拍出來的影像會有滴答滴答的聲音，所以我們通常還會再多帶一個鈕扣式或眼鏡型的針孔收音！」

當時，我做的是新聞談話節目，我所屬團隊，基本上屬於台內執行單位，在節目製作需要的畫面，甚至外景採訪，就經常需要和新聞記者合作。

那個年代，針孔偷拍大行其道，而且不只是印象中的娛樂狗仔，會使用針孔攝影的，還有跑第一線的社會記者，甚至生活消費新聞記者，也都會用到，還記得我第一個遇上的案件是「香肉屠宰場」（對……就是殺狗不眨眼，在台灣非法營業、血淋淋的屠宰狗隻現場），我們單位合作的記者前輩，真是要命的厲害，不但有辦法得到屠宰場私抓野狗的第一手消息，還順利喬裝混進去，拍下香肉業者的違法運作。

對於喜愛小狗的我來說，這件事讓我印象深刻，也深深體認到，記者被賦予的社會責任，踢爆違法、不公不義的案件，實在是太帥了！所以當「記者」才在此時成為我的下一個職涯目標。

挖角要嘛不來　一來就是兩個

對很多人來說，當記者是一個理想、一個抱負，（真的不是唬你的，想想看，沒日沒夜，偶而有危險，待遇真的不高啊，所以想紅想賺錢，千萬別當記者），在我參與新聞性節目製作的過程中，有更進一步的了解，「你不是想轉新聞部？現在專案組有缺喔！」「我們主管也認識妳，說妳在節目那邊滿機靈的，雖然沒有記者經驗，但學習一陣子，妳應該能勝任新聞工作。」

因為努力認真負責，在新聞部獲得了這樣的評價，甚至有機會內轉成為一名記者，我當然非常開心，卻在這個時候，有了看起來更「好」的機會出現。之前因為節目出外景，認識了一個流行品牌的股東，想挖角我去擔任他們新品牌的公關經理，不只薪水比新聞記者高了不少，連職稱「經理」都讓當時出社會沒幾年的我覺得：不錯喔！

機會，往往是要嘛不來，一來就來兩個，讓我左思右想，煩惱到失眠，所以我在兩個職務當中，做出簡單的優劣勢分析。

選擇 A：公關經理

優點：新品牌，站穩腳步就是開國元老、薪資比記者高很多。

缺點：新品牌，不知道是否能打入台灣市場。

　　　我沒有擔任過主管的經驗，空降主管存活率普遍偏低。

選擇 B：記者

優點：我能實現夢想，認識更多媒體人脈，接觸更多產業，

　　　未來的發展性應該會更廣。

缺點：工時長、「待機」時間也長。

　　　平薪轉部門，之前的經驗歸零再從頭熬起。

嘗試每一種可能

經過兩個工作的優劣分析，更加明白自己想要的是哪一個，而且我是那種一進餐廳，就知道自己要點什麼菜的人，所以在職涯的選擇，我也能很快的做出判斷，比起安穩，我想要尋找更多可能性，因為每一種「可能」都可能精彩！雖然記者的工時更長，還可能要經常出差，薪資也比較低，但若是不去嘗試，我知道我會後悔。所以最後決定放棄眼前唾手可得的高薪機會，選擇一個有無限可能的未來，是的，我決定去新聞部了！（還好，我當時還年輕）

這麼多年我學到了：「不清楚自己想要什麼」這種不確定感，是職涯發展中最可怕的。處於二十多歲的年齡，轉職成本比較低，因為三十多歲後，有些人開始面臨成家立業，肩膀上的責任更重，要再轉換跑道，會變得困難重重。

此圖保證沒開濾鏡。

一路以來，幾乎每一次的職涯轉換，老天都給我兩扇門，經常遇到截然不同的道路：一個是輕鬆又穩定、薪水比較高，另一個則是辛苦富有挑戰性，結果不知不覺，我都會選擇累的那條路走，或許是因為好奇心太豐富吧？！就是會一直想探索自己不了解的職務，回想起來，很感謝過去每個階段的我都那麼「敢」，才能接觸到這麼多不同的人事物。

● 未來就像賓果遊戲，現在看起來，點和點之間沒有關係，
　誰知道哪一天會串起來？
● 機會，往往是要嘛不來，一來就來兩個。

混進違法現場
針孔偷拍滴答滴

○ 職位：年代新聞記者
○ 工作內容：新聞播報

在電視新聞當中，比起 Daily News，專題新聞有時候更具影響力，特別是揭發不公不義、違法亂紀的爆料，當然偷拍在很多情況下是必要方式之一，不只是第一人稱的鏡頭具有臨場感，更重要的是，會讓見不得光的事攤在陽光下，（黑暗之所以黑暗，就是見不得光，違法之徒可不會乖乖會在鏡頭前說實話）。

在壹電視新聞部，從節目統籌內轉成專題記者之後，做的一些報導往往冒了生命危險，印象中有一次，我的手錶跟包包都裝了針孔，到一間網友爆料，專門賣「屍油」的店，蒐集違法事實，所謂的屍油，顧名思義是由屍體提煉而出，根據店家的說法，是東南亞有人透過特殊管道盜墓，再讓法師「開光」，可以操控人的意志跟想法，擦在心儀對象的身上，就會讓對方瘋狂愛上你。

黃大膽出動

當然這一類的買賣，不可能光明正大地進行，小店的門口還有黑衣人看守著，所以當天我的現身，格外引起側目，因為做這樣的買賣交易，基本上會是熟面孔，當所有人看到我這張生面孔，都明顯有了戒心。不過正所謂「初生之犢不畏虎」，都已經進入虎穴，還怕個屁啊，（想要說走錯了，換作你是店家，相信嗎？），對方問我「誰告訴妳這個地方？」，我按耐住內心不安和恐懼，一派鎮定的說：「○○酒店的糖糖介紹的」（哈哈，我想酒店的公關那麼多，應該不會每一位，他們

都記得吧？！反正疊字名的應該不少），說實話，現在回想起，還真的覺得挺危險的。

當時的我，不知哪裡來的膽子，一個人在裡面一待就將近一個小時，還問清楚了產地、製作方式、使用方法，不曉得是不是待了太久，嚇得在外面等待我的攝影搭擋，差點報警處理，不過也因為這一次的經驗，讓攝影前輩大讚，我非常有膽識，進而把我介紹給年代新聞的社會組長官。

● 「敢」讓我想要尋找更多可能性，因為每一種「可能」都可能精彩！

上班很緊繃，約定下班要放鬆。

嘴要甜！腰要軟！朋友要給力！

因為不想被罵

的求生意志

坐上主播台

Daily news？
是 Daily 被罵

職位：年代新聞記者

工作內容：新聞播報

做專題新聞，比較沒有時效壓力，只需要專心拍好影片、寫好稿子、剪好帶子、做好後製，偶而冒著生命危險，處理好觀眾網友的爆料，但是做一位負責 Daily News 的新聞記者，可就不同。

我還記得，剛進年代新聞的時候，雖然我曾經表示，沒有做過 Daily news 的經驗，但新聞部正缺人手，實在沒有多餘的人力來帶我跑新聞、熟悉環境，加上主管不知哪來的信心覺得，我曾經做過專案記者，還有上述那個「膽子很大」的輝煌紀錄，應該不用派人來手把手教我。

殊不知，對一個 Daily News 菜鳥來說，daliy 新聞和專題節目，是有很大的不同，daliy 新聞速度快、節奏明確、訊息要完整，一則新聞的篇幅最長九十秒，所以要很懂得抓重點，而不是什麼內容都得往裡面塞，面對完全陌生的工作型態和節奏，我只能自己慢慢摸索、模仿，自立自強。

然而靠自己摸索的初期，事倍功半比較多（說白了，瞎子摸象，結果能有多好），花了很大的功夫想做好新聞，卻常常聽到主管敲著鍵盤大吼「機器人都比妳寫的好！」、「帶子還要多久？」、「妳知道重點在哪嗎？」這些批評質疑聲，就是我剛入台時的日常，從所在樓層罵到樓下剪接樓層，聽到耳朵長繭，繭破了，繼

續聽，成了一個無奈的循環，為了盡快進入狀況，不再天天遭受五雷轟頂，我全心全意投入工作中，我能應付的，不是做「好新聞」，而是把新聞做好，甚至絲毫沒發現身邊的同事對我是熱情還是冷淡，喜歡還是討厭，彷彿活在自己的世界當中。

每個人都喜歡你？ 不可能

回想起來，我的鈍感也算一種能力吧～～

俗話說，「師父領進門，修行在個人」，但是我連師傅在哪都不知道，心中多少有些徬徨和無奈，不過在職場上適時的向別人求助，是必須的，一方面幫助自己更快更容易上手，另一方面，這也是打好人際關係的方式。「可以教我過音嗎？」，這大概是我一開始當文字記者，最常開口求助的一句話，由於天生音色偏低，抑揚頓挫也不夠清楚，剛開始的時候，我是被主管禁止過音的，所以要麻煩同事教學，當時每天都過得戰戰兢兢，只專注著完成眼前的工作，結果三個月之後，開始有同事跟我聊天了。

這一聊才發現，從小到大，人緣都還算過得去的我，竟然在新聞部完全沒注意到人際關係這回事，因為同事開的第一個聊天話題，我想都沒想到竟然是「ㄟ……妳知道一開始我們都不喜歡妳嗎？」、「本來覺得妳是個花瓶，後來發現妳還挺努力的」、「妳請教問題的樣子很誠懇，不教妳覺得妳很可憐」、「妳會正面道謝」，老實說，我第一個反應是噗嗤笑了出來，第一個原因是覺得，我的同事也

太可愛了吧，居然完全不修飾曾經對我的「情感」，第二個原因是「我真的沒發現」（還好我的努力有被肯定，不然肯定被 .....）。

畢竟一個菜鳥記者，每天都在擔心今天會不會被罵？帶子要怎樣才不會遲交？實在沒有多餘的心思和力氣去注意同事對我的態度，不過事後想想，或許我的遲鈍是一件好事，因為這樣才能全神貫注的把工作做好，而不是把心思和力氣，放在「如何讓別人喜歡我」，或糾結在「他為什麼討厭我」這些事情上，也因為拿出了認真態度，用工作表現來說話，改變同事對我的想法。要知道在人生或職場上，不可能每個人都喜歡你，也不可能每個人都討厭你，如果在學習階段把注意力都放在太過敏感的想東想西，反而是阻擋自己前進的障礙。

刻意討好反而被討厭

職場上的事，其實不複雜，複雜的一直都是人，要每個人都喜歡你或討厭你，絕對不可能，所以有人討厭你這種情況，絕對會發生。某次打工時的一個前輩，遲到時會使喚我幫忙打卡、肚子餓了要我幫忙跑腿買東西吃，而我為了討好他，經常幫忙買零食、買飲料，重點是還不收錢（真的虧很大），該注意的禮數從沒少過，但是幾個月之後換來的，卻是他的一句「真的覺得她很討人厭」，其他同事問「為什麼？ Vivi 人不錯啊？」，他的答案更是絕了：「我也不知道，就是不喜歡。」

這件事，我也是在很久很久以後才知道，不過這個「黑歷史」也讓我明白，人和人的磁場吸引或互斥，有時沒有任何理由，不是刻意討好或改變自己，就能讓別人喜歡，倒不如把自己的事做好，不拖團隊後腿，當個有禮貌的好同事，自然不

會被討厭到哪裡去，如果還是莫名其妙遭受「被討厭」的評價，自己心安理得，就別太放在心上了，友誼跟人緣這種事情只能隨緣，是我的就是我的，不是我的強求不來，職場上講求的是表現，工作表現好，做人不失敗，有人就算討厭你，也得佩服你。

- 或許，鈍感也是一種超能力。
- 正面感謝與回饋，讓人家覺得帶這個新人很有成就感。
- 三好目標：把自己的事做好、做好團隊的後援，當個有禮貌的好同事。

連線必勝守則 每天喃喃自語

專業的文字記者，不是只要躲在鏡頭後面寫寫稿、過過音，面對鏡頭說話的能力很重要，不只要說得清楚還要說得好。「導播，可不可以鏡頭掃我兩秒就把畫面帶開？」這是我入行初期，連線時最常說的話，當時的我雖然對鏡頭不陌生，但是面對鏡頭，要立即把現場情況轉化為文字的描述能力還是不足，甚至連颱風天連線都要寫小抄照唸，整個連線顯得生硬又死板。別笑別笑，有機會你試看看就知道，面對鏡頭還要眼觀四面、耳聽八方，加上隨時注意和攝影記者搭配，別以為颱風天連線，就只要說風很大、浪很高就可以，長官要你說個三分鐘，要是沒能力，肯定鬼打牆、不斷繞圈圈，糗很大。

我不斷思考，為什麼別人的連線總是讓我期待下一秒？我看著前輩的連線畫面，發現別人的畫面有解說、分析、臨場感，還有不可預測性，那我的連線呢？不但又「平」又「直」，還沒有臨場感，要情緒沒情緒、要畫面想像沒畫面想像，同一則新聞連廣播聽起來都比我的精彩，這個時候，我再度發揮了「愛問」的特質：「你們連線的時候不會上氣不接下氣嗎？」、「怎麼形容現場畫面？」我把各家記者前輩傳授給我的「連線必勝守則」一條條記錄下來，並開始實踐在生活中。謝謝這麼多前輩願意教我，後來我成了「前輩」，也將這些技巧分享給需要的同業後輩，報恩的方式就是傳承。

「我前面有一輛粉紅色的機車，騎士身穿黑色上衣，深藍色牛仔褲，紅燈正在倒數，行人匆匆忙忙趕著過斑馬線 ......」從騎車上班，到搭電梯打卡，從採訪現場，到交稿下班，幾乎只要是有空檔的時候，我都在腦海裡形容現在眼前看到的畫面，有時候不小心口中喃喃自語了幾句，同事還會問「你幹嘛最近一直自言自語」「壓力太大喔？」就是這樣的方法，讓我進入了「連線速成班」，三個月不到的時間，我開始嘗試走動式連線，也越來越上手，可是練成了說故事能力，感覺才剛升級、血槽滿檔，新的臨場反應考題又來了。

狀況一

「阿北,你聽我說喔,等下訪問最多可以講五句話,不然時間不夠會被切掉喔!」,
「賀!逮就補啦!(沒問題的日文)哇哉哇哉。」
事前都已經和受訪者達成共識,偏偏有時候,現場的狀況真的不是用「說好了」
三個字,就可以解決的,「我還沒講完內……」阿北的手緊抓著麥克風就是不放開。

狀況二

或者是採訪現場的場面混亂,舉凡搶麥克風的、人潮眾多推擠的、受訪者不知所
云的種種情況,在連線現場都經常會出現,怎麼樣把主導權自然的拿回來、如何
完成原本的連線目標,都是靠經驗的累積。

發掘街訪聖地—「公車站」

大部分的人對於面對鏡頭說話,都有一些障礙,於是乎街訪新聞要好看,記者會
不會聊天很重要。「小姐不好意思,方便請問您覺得新市長上任後塞車情況改善
是否有感?」「抱歉,不需要」、「我不知道」,雖然已經拿著麥克風,還是常
常被誤以為要推銷,或是被當成空氣直接忽略。「街頭隨機採訪」,一開始真的
是我難以跨越的障礙,那需要極大的勇氣,常常要面對多次的「不方便」、「趕
時間」等理由拒絕,時間就這麼被白白消耗掉。

YA~ 出國最期待的就是吃。

可以坐就不要站，可以趴就一定趴。

後來我就想，大家都這麼忙，那「方便聊天」跟「不趕時間」的人能去哪裡找呢？哈哈，我想到了一個非常好的採訪點，而且幾乎百發百中，因為民眾想走也走不了，給你們三秒鐘猜猜，1…2…3…嗶嗶！時間到，我要解答啦～答案就是「公車站」！（別說我狡猾，哈哈）。等公車的民眾，通常不是滑手機、就是聽音樂，公車來之前能做的事情不多，所以在等待的時間裡，大家會比較願意聊天，多講一點自己的看法，有時候還會遇到就算公車來了，還想繼續聊下去的「熱情」受訪者，所以公車站，就成了我的「街訪勝地」！

另一個和「街訪」一樣，也很需要「聊天」和「業務能力」的任務，就是約訪。比如最近火鍋料漲價，我們需要訪問火鍋業者，我會說「雖然新聞不能露出LOGO，但觀眾有可能看了畫面，覺得食材看起來新鮮可口，會直接打電話來電視台詢問，或上網搜尋。」（確有其事），或是找到網路購物受害的當事人，對方擔心受訪之後，會遭詐騙犯挾怨報復，「如果你現身說法，當時被詐騙的過程，可以提醒其他觀眾預防這類型的詐騙手法，會幫助到很多人，如果你對曝光有顧慮，我們可以改拍背影或局部就好，聲音也會幫你變音。」，解決受訪者對於人身安全的疑慮，並提出可行的方案，幫助對方也是幫助自己。

訪問技巧其實和態度、溝通能力都有很大關係，簡而言之「好聊」是記者的必備技能。所以站在對方的立場想，通常任務會比較順利達成，如果遇到猶豫要不要接受採訪的受訪者，我都會分析受訪可能帶來的好處，又或是可能幫助到其他人，為社會出一份力，成為「無名英雄」！一直以來我都盡量維持這樣的「雙贏守則」，所以當記者時也因為採訪，認識了很多好朋友。

● 在人生或職場上，不可能每個人都喜歡你，也不可能每個人都討厭你。

沒有180，但有神隊友。

長官電翻天
同事還說「你想紅」

○ 職位：氣象主播
○ 工作內容：播氣象兼採訪記者

「妳去案發地點做個 stand!」、「去超市做個 stand。」

stand! 也就是在鏡頭前，用兩三句話來開場、串場或解說和還原新聞，因為我入行剛開始，連線連得實在滿爛的，主管為了訓練我，經常叫我去做 stand，這招方法的確可行，在兩個月之內，就讓我不怕鏡頭，三個月之內，讓我把「走動式連線」練的爐火純青，從講五句話會結巴，到講五分鐘都能臉不紅氣不喘，這樣的訓練方式也難免會引起他人質疑，「Vivi 好常做 stand」、「這也要做 stand?」、「她是不是很想紅？」，因為太常出現在畫面上了，熟的同事會知道這是主管的指令，不熟的人看了就會覺得這傢伙也未免太愛上鏡頭？！我當時光顧著把新聞做好不被主管罵都來不及，壓根兒也沒注意到有人是這麼看我的（對，這件事我也是後來才知道，現在想想也覺得自己未免太不關心工作外的事了吧！）

的確，電視新聞圈想紅的新人不少，露臉增加曝光度是普遍的方式之一，不過前提是，基本功要做好，不然畫虎不成反類犬，因此鬧笑話的也不是沒有。我的確因為經常出鏡，讓高層主管看到，認為我在鏡頭前自然活潑接地氣，因此意外收到主播試鏡通知，儘管不覺得自己可以通過主播甄選，但是為了不丟臉跟不被罵（一直以來的職場核心思想），回家之後我就坐在餐桌前，練習播報新聞，用手機拍下來，再比對其他主播播報，看看有什麼不同。

把讀稿機當煞車在踩喔！

試鏡的日子很快就到了，記得那天，我穿著淺粉色的西裝外套，下半身穿著習慣的牛仔褲（因為當年是坐播試鏡），走進攝影棚，領著熱騰騰出爐的稿子，馬上就要默背起來用自己的口語播報（試鏡時並沒有讀稿機可以用），幸好我當時不緊張，加上我的超強記憶力（一小時內把日文五十音背起來，夠強吧），霹哩啪啦的把主播稿內容，輸入進腦海裡！

「當事人沈默以對，不願意表達看法 ......」結束的那瞬間，我鬆了好大一口氣，也不知道到底表現得好不好，只想著反正沒吃螺絲，應該是不會被主管罵，就趕快出來繼續寫新聞了（只求不被罵，到底是多沒骨氣啊！）印象中，大約一個多星期後，就收到了儲備主播通知，當下的感覺，如果要我形容，還真的跟中了統一發票特獎差不多的興奮。不過，儲備主播只是第一階段，接下來的特訓，才剛剛開始。

「讀稿機不是這樣踩的啦，你當在踩煞車？」、「發音位置不對！」、「你講話太平了，抑揚頓挫呢？」，原本以為連線跟播報差不多，真的進了攝影棚才知道，根本是兩碼子事，連線的時候有人事物，注意力不會完全在記者身上，在主播台上，畫面上就你一個大臉，錯一個字、愣住一秒、手比劃錯方向，都會馬上被發現、放大檢視，所以穩定度必須非常高，講話也不能有太多的贅詞，播報還得熟悉「坐播」、「站播」、「虛擬棚」、「三機攝影轉身」、「字幕機壞掉」、「導播突

然倒數回現場」等種種關卡，馬步紮好了，公司才讓我去氣象局上課，學習氣象和地震地質等等專業課程，功夫練完拿到了結業證書，正式登板的第一課，就是播氣象。

脫掉氣象播報服　頂著太陽繼續跑新聞

「左邊、左邊！！！不對那是右邊 .....」

本來就已經沒什麼方向感的我，遇上了虛擬雲圖，真的是一個頭兩個大，說攝影棚是一個鏡像世界也不為過，主播在播報時，比劃的動作，要跟鏡頭上呈現反方向，也就是說，我們回看的螢幕，低壓如果在右手邊，我們就要比左手邊，和直覺反應完全相反，完全只能靠練習才能熟練，不然動作就會跟殭屍沒什麼兩樣，邊比雲圖還要邊講，而且氣象主播是沒有字幕機的，完全要靠自己的口說能力，所以對衛星雲圖、雷達回波圖、累積雨量圖表和地理位址都要有一定的熟悉程度。

還記得第一次播報，凌晨 4:00 我騎著摩托車出門，那時候天氣微涼，旁邊除了狗狗的叫聲，就只有送報紙和送牛奶的人，路上安靜的連落葉被吹掉的聲音都聽得到。4:15，我到了公司，換上造型師前一天幫我準備好的播報服，邊滑著氣象局的網頁，邊等待化妝師和髮型師的到來，他們的動作也非常快，不到五點，就把我給「整形完畢」，頂著蓬蓬的頭髮和假睫毛，我趕快回到座位、上標、發 CG 圖，跟氣象組核對資訊，六點多播完了我的第一次氣象，緊接著，七點、八點，每個小時都進去播報一次，越播越熟悉，在中間等待的過程我也沒閒著，繼續跟其他

同業討論今天要去採訪什麼新聞（行話叫會稿），回報給主管，九點不到，我脫掉播報服，繼續出門採訪，一天少則兩條新聞、多則五條新聞，晚上七、八點下班。

有朋友告訴我，主播這行，新手剛站上來，常常會面臨被討厭這件事，或是被批評資歷不夠，但是朋友告訴我，當我開始站主播台時，他們沒聽到過這些耳語，反而是「她真的很可憐耶～」，因為我必須從凌晨 4:00 到公司化妝播報、空檔同業會稿、又要出去連線、中午又趕回來播氣象，下午又出去採訪，凡是主管命令就執行，我就是一個好用的人。

看在朋友跟家人眼裡，都覺得我何必搞得這麼累，還不如好好採訪，然而對我來說，身體勞累，精神上卻如同在「玩」工作，下班之餘，還經營起臉書粉絲團，每天看看觀眾給我的反饋，「今天妳把節氣講解得很生動」、「妳怎麼沒建議明天穿什麼？」、「這件播報服上次是不是穿過了」，回答網友的每一個提問，都讓我覺得新鮮有趣，經營粉絲團和觀眾互動，從播報時期，一路延續到現在，讓我直接和受眾接觸，也成為了我很重要的支持力量。

P.S.

- 職場核心思想：不丟臉、不被罵。
- 「玩」工作、經營粉絲團和觀眾互動，是我很重要的支持力量。
- 現實就是，你不願意跳脫舒適圈，就失去學習的機會。

說故事
讓 7 歲到 70 歲都聽得懂

職位：新聞主播
工作內容：播報整點新聞

「感謝您的收看，我是黃若薇，祝您有個愉快的週末，我們下週見。」又到了期待的週五晚上，收工後我趕緊衝到更衣間，梳開蓬蓬的主播頭，拆掉假睫毛，換回自己的衣服，等等還要跟老同學去吃飯。

「剛剛等妳的時候，我們用手機在看妳播報，大家都在討論妳那聲音是配音嗎？」「跟妳平常講話的口氣也差太多了吧！看妳一本正經反而覺得很搞笑。」從惡毒吐槽的口吻，就可以看的出來我們認識很久了。

別說老朋友感到訝異，在檯前播報新聞，也是我自己想都沒想過的經歷，所以多數親友都很驚訝，也有媒體因為要報導我的轉職經驗，還特別去採訪我同學，對我在學期間的評價是，低調但隨和好相處、不愛出風頭、上課常偷吃零食（哈哈，對不起，吃是我學習的動力）。那時候的我，不要說播報或主持，光是分組報告，我邊說聲音會邊抖，上台對我來說，跟上刑場也差不多了。

「把台下的人當西瓜」？照做的人才是別人眼中的大西瓜

小時候常聽長輩說，上台報告的時候，把台下的人當西瓜，就不會緊張了，所以我就試著把要報告的內容硬背起來，這樣方法一旦卡詞或忘詞，後面的整個節奏就會亂成一團，尤其演講或報告，比起整個內容一字不差，更重要的是與現場觀

眾的反應和互動，一旦淪為默背課文，那台下的人看你，也是一顆極度催眠的大西瓜。

會有這樣的感想，源自我做運彩分析師時，台詞跟數據，都是靠事前準備跟「死背」！但當了主播，經常是前一分鐘得到資訊，馬上就要把它變成一段有臨場感的描述。比如有時候突然來了一段畫面，什麼詳細資訊都沒有，只有兩行字「台北市ＸＸ區火警、疑似有一男一女受困」，這個時候死背絕對是行不通的（也沒東西能背），只能把眼前看到的畫面，描述出來：「眼前看到的是棟五層樓公寓，火勢已經從二樓蔓延到四樓，五樓陽台有兩個人呼救，現場黑煙瀰漫，警消五分鐘前抵達現場正在佈水線灌救 ......」，這些聽起來好像只是隨口說說的內容，其實都要靠日常的訓鍊，嘴巴才能跟得上腦子，我的方法是，用手機拍下報告或主持的樣子，看看是否聲音發抖、呼吸急促、同手同腳、肢體僵硬？若是這些問題都改善了，再進一步去練習口氣，「氣氛」、「互動感」比「權威」、「嚴謹」更能吸引多數人，對我而言，與其去說一些艱深的術語或生僻字來展示深度，倒不如讓七歲到七十歲的觀眾都能聽得懂我說的故事，更符合我自己的個性也更有成就感！

沒有一份工作是在浪費人生

因為我正式開始到年代當社會線記者時，已經二十七歲了，相較於多數記者都是一畢業就進新聞圈，非新聞系畢業的我，入行時已經成了「最老的菜鳥」（大學讀的是資訊傳播系，新聞學分很少，主修是電腦繪圖跟程式設計，我也是理工科

煩惱也是一樣，翻轉過來就會有不同的想法。

御宅了），明明年紀比人家都還大，卻有太多東西要從頭學起，還要拜託小弟弟學長跟小妹妹學姊教我，「不好意思！！請問誰有『香月』小姐的電話？」「妳說的是『襄閱檢察官吧』，他是男生欸 ......（司法用語）」，又或是「請問什麼是 OHCA ？」「OHCA 就是沒有生命跡象啊（急救用語）。」

對於這些對「社會新聞記者」來說很基礎的東西，我一概有聽沒有懂，幸好我認了，臉皮厚一點不怕被笑，不懂就邊看、邊問、邊學，也不會覺得這有什麼丟臉的，所以我的一個同期戰友說，當年「彈性好」、「沒有包袱」，是她對我最佩服的地方（自己寫出來實在有點害羞～哈哈哈！）

很多人問過我，「節目做得好好的，何必轉到新聞部？」、「從頭開始學很累吧！」、「這樣不是把前面累積的經驗都浪費了？」有句話說：「凡走過必留下痕跡」，重點是後面這一句「如果你踩得夠深的話」（哈哈，我加的），深深的覺得，職場路上雖然轉換過不同的領域，每一份工作經驗卻都對下一份工作幫助很大，像是當記者，主管常說我的人脈很廣，所以有些不容易找到受訪者的新聞，上司會優先考慮交給我處理，而這些人脈，都是以前做節目時累積出來的。

當發言人也是一樣，以前當記者的採訪經驗＋主播時期訓練的口條＋節目製作累積的人脈跟企劃能力＋運彩分析師的邏輯分析＋客服人員和小麥胞時訓練出的溝通能力＝現在這個我，過去一天一天看似不起眼的學習和成長，就像收進一格格抽屜裡的魔法藥水，在未來的某一刻一定用得到，所以人生中每一份工作經驗都是我非常珍貴的資產，沒有任何一刻是浪費的。

高學歷、高能力≠職場順風順水

「你今天去這場消費糾紛的記者會！」

「為什麼我要去這場？我昨天不是有報一個獨家？」

每天到了分配採訪人力的時間，這種記者和主管拍桌子瞪眼的火爆場面，幾乎天天都在上演，因為選擇進新聞圈的人，通常都滿有自己的想法，才會選擇這個工時長、挑戰多，但是薪水「很難說」的工作，所以主管在分配工作時，說實話，還真的是滿頭大的。

多數剛入行的新人，還會乖乖依照主管的分配，去自己負責的新聞現場，一兩年之後，對新聞工作有了一定熟悉度，就會比較勇於「挑戰」，對線路分配投出反對票時，也都會說出一番理由來說服主管，比如：「這條線我跟很久了」、「我有認識的受訪者」、「這獨家今天再不做就來不及了」。

還記得我有一位同事，頂著國外名校的亮眼學歷回台工作，對新聞有一番自己的理想和抱負，最想做的就是有關毒品和犯罪組織報導，所以對於一開始主管分配一些車禍新聞或火警意外，非常的抗拒，他表示，「我讀這麼多書，不是為了寫這種明天就沒價值的時效性報導！」這下可惹怒了主管，「今天不去，你明天也可以不用來了！」就在兩個人僵持不下之際，我把同事拉到茶水間安撫。

他忿忿不平地說「我只是覺得我的能力不被重視」，實際上正好相反，當時的主管非常重視他，在他報到的前一天還洋洋得意的說，「我面試的ＸＸ名校畢業生

明天要報到！我們團隊的戰鬥值應該會大大提升！」，而我之所以又「里長伯」
上身趕緊開導他，因為剛入職，都是主管考核一名員工價值很重要的「觀察期」
和「訓練期」，我覺得一個聰明的同事就這樣放棄很可惜。就像很多武俠小說或
電影情節一樣，主角明明天賦異稟，天生的練武奇才，但還是逼他去做砍柴挑水
這種不起眼的基本功，其實就是因為魔鬼都藏在細節裡，而這些細節是奠定基本
功的必要，幸好和這位同事聊完後，他就順利轉換心情去採訪了，後來也證實，
他的確有把「小新聞深度化」的能力，但是 ....
主管還是對他處理的新聞很有意見，為什麼呢？

所謂的好新聞，某些時候代表它的敘事清楚、淺顯易懂，新聞只有短短九十秒不
到的篇幅，要把故事講得讓大家都容易了解又能夠吸收，其實是一種高深的功力。
在現場連線的時候，這位前同事也犯了「過度完美症」，總是希望把所有的細節，
通通包在短短的連線內，印象中有一次的連線，他準備了好多資料「徐姓男子的
委任律師 ...... 陳 ... 陳 ... 陳 ......」因為這則新聞的重點是案情，所以律師的名字就
算連線沒說出來也沒關係，但因為他對自我表現的要求，反而後面的連線受到吃
螺絲的影響，整個節奏都被打亂，而大部分觀眾的「市場需求」其實是聽著穩定
舒服的連線節奏、口條清晰，而對於一些細節，其實不提，也無傷大雅，所以「接
地氣」反而是他最困難的課題。

在我心目中，優秀的記者，就好像優秀的廚師，能把路邊的平民美食叉燒飯做成
排隊熱賣的「黯然銷魂飯」，又或是能把小突發新聞，做成深入追蹤報導，比起
早就手握高級食材的餐廳大廚，更讓人感動，也就是「有人看得懂，放進他心中
才重要」。

● 「凡走過必留下痕跡」，重點是後面這一句「如果你踩得夠深的話」。
● 好新聞是黯然銷魂飯，人人看得懂，放進他心中。

會轉又會拗
裝沒事達人就是我

職位：新聞晚間主播
工作內容：新聞編輯、新聞製作人

「想不想自己當新聞製作人？」光是這一句話，就讓人心動，對主播來說，能夠真正的獨當一面，是一種肯定，播了兩年的台灣大小事，以國際新聞為主的寰宇新聞台，開出了不錯的條件對我招手。

「新聞製作人」不但能擔任製作人，決定生活消費、社會、政治、國際、娛樂新聞的比重，還能播到中午 12:00~14:00 或 18:00~20:00 的黃金時段（這兩個時段的新聞都會是當天最新鮮的首播），說這樣的條件不誘人，是騙人的，（就算薪資待遇沒有更好，這肯定會讓新聞資歷加分）。儘管在老東家待了四年，和主管及同事都建立深厚的默契和情誼，加上幾位主管懇切地慰留，心中不捨是必然的，然而我也知道，該是時候給自己加點新的挑戰，於是我又再度選擇跨出舒適圈，決定接受新的工作！

小到不行的新聞也能佔版面？

進寰宇新聞的第一天，主管就派資深編輯來教我，每個時段有不同的風格，新聞議題的編排層次，都會影響受眾群的分佈，當然也必須考量受眾分布的時段，比如：大部分男性偏愛科技、財經、政治類比較硬的新聞，而女性則相對關心民生消費、娛樂話題，長青族群關注養生、健康話題，年輕人則喜歡搞笑、幽默、有梗的網路新聞（這指的是多數，不是一定）。

常常有人質疑，為什麼台灣的新聞台，那麼沒 SENSE ？老是播一些無聊的新聞！
（像是哪一家手搖茶的珍珠比較 Q 啦、還是名字裡有「鮭魚」就可以免費吃到飽
的這種「小」新聞），這得從源頭開始說起，電視台大部分還是民營商業台，顧
名思義，電視台要靠自己活下去，不像公視或者是大愛，有政府或宗教團體的龐
大經費支撐，我們需要靠廣告收入、異業合作（說白點，就是置入性行銷或交換）
等等，來養活員工跟購買、保養機器等等，所以沒有收視率，就沒有收入，沒收入，
新聞台就可能會關門大吉了，而你們，就看不到我囉。

這一切也要聊到市場供需法則的問題（天啊，好嚴肅），只要沒營養的新聞，大
家看了就轉台，或是上網反應不喜歡看這類型的新聞，久而久之，新聞台自然會
改變選擇議題的風向，這也就是為什麼就算是記者，常被批評「小時候不讀書，
長大當記者」，電視新聞的內容依舊沒有太多變化，原因很簡單，因為還是有很
多人愛看八卦新聞配飯，而我雖然最想做的是國際新聞，但在台灣，目前還稱不
上大眾市場。

選新聞內容 就像三餐要均衡

不過在電視新聞圈，還是很多新聞人認真的把電視新聞做好，也做好的電視新聞，
甚至有理想有抱負的人，更把新聞工作當成一種志業，以我來說，總是希望提供
給受眾好新聞、實用資訊和重要的訊息。我認為，新聞內容的選擇，就好像三餐
要均衡，奶、蛋、豆、魚、肉最好都通通有，不要太偏食，包括國際重大消息，
要穿插在其中，讓台灣的觀眾有更國際化的視野和資訊，也許能漸漸改變過去台
灣觀眾比較注重國內新聞的收視習慣，不過要怎麼料理「硬菜」，讓客人們容易
下嚥好吸收，可就是一門學問。

HI~ 你也是來聽我講古的嗎？

「今日六件事,首先要來帶您關注到的是,美國總統川普,不但特別愛吃麥當勞漢堡,連辦公桌上的紅色按鈕,都是用來『叫可樂』的,曾有訪客還以為是核彈按鈕,沒想到卻是他的得來速點餐鈴。」我自己編排新聞的方法,喜歡先用一些比較吸引人的有趣話題,來鎖住觀眾目光,再進入比較嚴肅正經的議題,畢竟如果一開始就讓大家想睡覺,那我們還怎麼混下去呢~?所以啦!既然能自己決定這道菜的味道,我當然秉持著先開胃,再上主菜的核心思想,以「和朋友聊天」的口吻,來詮釋這些土洋交錯的滿漢全席!而這樣的方式,也的確讓大家比較好下嚥,將近五年的時間,我負責的時段收視率都還不錯,除了感謝觀眾支持,也要謝謝共事的團隊,願意相信我的決定,讓我能放心當個領航者。

耳機裡面大吼大叫 臉部保持一貫微笑

新聞主播在英文中是「Anchor」,這個單字,既是主播,也有「錨」的含義,所以我認為合格的主播,不但在鏡頭前要表現得好,更要能穩定背後整個團隊的軍心。

作為新聞團隊在螢光幕前的最後一道防線,能「撐」,是必要的功夫之一,因為不想撐也不行,「因為剛剛敘利亞那邊有最新畫面,所以等下新聞方向要大改,前面你要先自己撐著,給我們五分鐘把影片轉檔。」,這五分鐘的時間對主播來說,很可能是天長地久啊,很多時候只是預估,不撐住,後勤團隊如何把菜端上桌,這時候就要發揮說(ㄏㄨㄚˋ)故(ㄏㄨˇ)事(ㄉㄢˋ)的能力。(太直白了嗎?哈哈)

要玩？我也沒在怕。

宅女也應該交些真朋友。

to Style

除了為編輯團隊爭取時間，在攝影棚播報新聞，還有很多突發狀況，最常見的就是標題、人名跑錯，或是新聞影片還來不及上傳到系統當中，另外，發生地震、字幕機當機、耳機連線有問題，什麼樣的現場狀況都可能出現，這個時候除了反應要快，最重要的是要能夠沉得住氣，即使耳機的另一頭在大吼大叫，主播還是得處變不驚，靠經驗去化解這些措手不及的突發事件，就算心情受到影響，甚至吃點小螺絲，都得盡快恢復正常，哪怕讀稿機或攝影機突然往下掉，都要當作一切沒發生。

化解危機，除了若無其事，還得會轉會拗，比如說，明明標題寫著：總統大選民調 副手效應明顯退燒，新聞畫面卻是南方澳大橋崩蹋的畫面，這個時候，主播可能會用眼角餘光，瞄到播出畫面牛頭不對馬嘴，化解的辦法就是：「總統民調目前由○○○搭配○○○領先，但是您也可以注意到，畫面上正在播放著的是今天早上南方澳大橋的崩塌意外，這會不會影響到接下來的民調，我們也會在後續報導中，為您做解析 ......」，（哈哈，還過得去吧），如果是導播沒做出任何指令，在不確定的情況下，我會盡量把兩條新聞做關聯性的融合，才不會讓觀眾發現有什麼異樣。反之，如果是結結巴巴、斷斷續續，明顯連自己都很緊張，用不確定的語氣在播報，那麼下班後，很可能就是團隊要被留下來「大力檢討」，還要交出檢討及懲處報告。

所以，我不只把自己定位成是主播，更是團隊的定心丸、特效藥，在大家緊張的時候，更不能慌！有時又要變成大家的瞭望燈塔，他們在副控室各自忙碌時，我就一邊盯緊其他電視台播出的畫面，如果同一則重要新聞，有其他家新聞跑在我

們前面露出，就趕緊趁進新聞畫面的時候，提醒團隊，甚至幫忙下標（所以說，主播一心多用的功力都非常好！）而這樣顧前又顧後的能力，也是帶領一個團隊必須要有的基本功。

超級地獄倒楣日發生的事─通天棚開動

在主播台上，除了要擁有應變能力跟領導能力，還有一點很重要，就是「耐力」。新聞工作有時就像跑一場馬拉松，除了要夠快、夠精準，還要夠持久有耐力。一般來說，遇到大地震、颱風天、大型群眾活動或者是示威抗議，就有可能開啟「通天棚模式」，也就是說，新聞台像便利商店一樣，二十四小時營業不打烊，這樣子的車輪戰，非常耗損人力，有可能一個主播要撐連續四小時以上，可能觀眾會覺得，進新聞畫面休息就好了（我也很想啊！哭~~），但是就像我前面提到的，進了新聞帶，主播還是一刻不得鬆懈（天知道現場連線的訊號，或者新聞影片檔案，能不能正常運作到完），除了要注意新聞現場有沒有突發情況，還要趕緊潤飾插播的稿子。

尤其天災這類緊急事件發生時，記者端送進來的消息可能因為太過於匆忙，難免忙中有錯，這個時候主播必須主動判斷和求證，像是「副總統 〇〇〇 前往勘災」，記者有可能少打一個「副」字，又或著是傷亡人數的數字多寫了一個零，不論主播、編輯或導播，一定會再三確認，因為播報是最後一個關卡，所以時時刻刻都要謹慎。

主播在播報新聞的當下，其實心理或生理都是全員戒備狀態，所以如果你問我播新聞累不累，當然累，光是照著稿子唸一個小時，就會受不了，更何況還要注意到儀態、表情、語調、語速等等，一般來說，播報到三小時，我們已經累癱了，四小時更是會喉嚨沙啞、腰痠背痛，只是這些日常都還算好的情況。

我曾經遇過「超級地獄倒霉日」，左邊眼睛結膜水腫，隱形眼鏡戴不上去（話說我近視七百度，沒戴眼鏡基本上只能看到攝影機的輪廓，更別說字幕機了），只好全靠右邊眼睛播報，兩隻眼睛視差太大，看字幕跟手稿都非常費力，播到一半，突然肚子又痛得不得了，臉色明顯發白，連導播都問我，要不要請下一節的主播來接班幫忙？但你們也知道，就算要請中繼投手提前登板，也是要給人家暖身的時間，主播也是一樣，不太可能要求「來！你現在馬上進去接手」，化妝、造型、順稿，再快還是需要一些時間，所以我還是把這一個小時撐完，才趕快換人接手，那天，應該是我目前人生中最漫長的一個小時了，後來去醫院檢查，才知道是急性腸胃炎，連醫生都說「妳還真能忍」！

所以有很多主播，常常會憋尿，憋到尿道、膀胱出問題，三餐不正常和狼吞虎嚥，也會有胃食道逆流、腸胃炎等問題（我通通全疊打），常常有同事開玩笑說，千萬不要「鞠躬盡瘁、死而後已」，所以普遍到了一個年紀就會發現，「沒有任何事值得你拿健康去拼命！」，因此再有責任感，我只要發現身體不舒服，該請假就請假，該看醫生就看醫生，就算賺的比較少，也不該拿自己的五臟六腑去拼命，身體要陪我們一輩子，所以拜託大家，一定要好好愛惜（我知道這聽起來很廢話，但這個簡單的道理，很多工作狂卻做不到，也包括曾經的我，因此在這裡共勉之。）

● 帶領一個團隊必須要有的基本功就是，顧前又顧後的能力。

身體顧好比一雙好的慢跑鞋能讓我們走的更遠。

Chapter

04

下一個
五年
是什麼樣子

每一份工作，
都不在規劃之中

○ 職位 :1111 人力銀行發言人
○ 工作內容：熟悉各行各業、財經趨勢、官方政策，
　　　　　　數據分析、記者會執行，
　　　　　　網路影音企劃、直播腳本

「你有沒有想過，下一個五年是什麼樣子的？」

絕對不是到了一個年紀才這樣想，（因為我還年輕，哈哈），我只是一個時常思考未來的上班族，換句話說，一直存在所謂的危機感，並不是害怕一成不變，而是不希望自己的未來，就只是這樣而已，才會多次在一個職位完全穩定下來之後，又選擇到別的領域從零開始，穩定也有穩定的好，正所謂投資有賺有賠，對於未來也是一樣，要選擇自己有興趣的標的。

我的每一份工作，都不在規劃中，是的，很辛苦、很冒險，卻也有很多意外驚喜。

「你有沒有興趣來我們這邊當發言人？」

發言人啊，聽起來挺不錯的，我曾經的同業，也是 1111 人力銀行的一位主管，提出了邀請，「我們公司要找的發言人，要熟悉各行各業、財經趨勢、官方政策，還要懂數據分析、記者會執行，網路影音企劃、直播腳本通通都要懂，我知道你會這些，但不知道你能不能從頭適應不同的產業環境？」這個意想不到的機會，的確讓我有點不知所措，在電視圈也待了十年，似乎也是時候來個全新的挑戰，

可是這個年紀轉職，似乎又滿冒險的、加上這個職務聽起來還真的要多才多藝、三頭六臂的 ...... 唉 ...... 到底該怎麼辦呢？這一次的「跳槽考慮期」是我從小到大，考慮得最久的一次，足足思考了二個月又八天。

聽起來，的確都是我過去做過的，但是要轉換完全不同的領域，我會失去什麼？嗯 ...... 有可能我去不到三個月，適應不良，離職或被炒？！也可能我因為離開新聞圈，而少了其他更好的升遷機會 ...... 還是 ...... 我在腦中不斷地和自己拔河，有好多不同的聲音像小天使與小惡魔在辦辯論會一樣，你一言我一語，爭吵不休。最後，一個念頭，戰勝了所有懸念，「先去談談，了解一下公司的氣氛跟整體情況，就算妳想去，談完以後，人家也不一定覺得妳合適」，是啊，有談有機會，與其在內心上演不實際的糾結小劇場，不如去談看看，既然不是完全沒意願，為何不去了解一下情況先？

出征面試！ 評估自己的多才市場行情

在職場上，許多人往往在一個職務待得久，因為穩定舒適而忘了所謂的危機，這危機，未必是公司不要你，或者是你不想再幹下去，在人生職涯當中，往往有很多你意想不到的情況會發生，可能是你想進修，公司無法配合，你必須另尋它途，也可能是家中有意外的情況發生，迫使你必須改變工作狀態，這時，如果你不了解自己的市場行情，可能會覺得茫茫然而無法做出最佳決定，因此在職涯發展過程中，不妨偶爾接觸市場，探探自己的行情，一方面了解就業市場概況，二方面也砥礪自己要有更好的未來。

怕高啊。

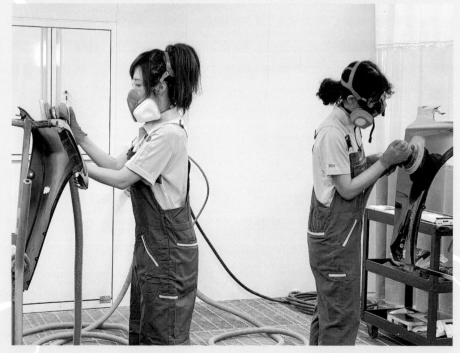

第 19 種工作—烤漆，我來了。

鏡頭前的我。

被編輯摧毀的我。

老樣子，我先做了功課，對 1111 人力銀行的背景、企業文化、近期規劃、未來營運，都先透過網路文字和影音，了解了一遍，在確定這是一家靠譜、值得我「賭一把」、「能投資未來」的企業之後，我再簡單詢問找我去面試的主管，和總裁面試要特別注意什麼？面試時，自我介紹是一對一，還是一對多？確認好細節，我的拿手好戲就是「做簡報」，我把自己的工作經歷、過去對公司的貢獻通通表列，做好了專業又不失個性的設計跟排版（分享一下，如果你不會設計簡報，網路上有很多很棒的模板，搜尋"PPT ＋模板"保證可以獲得意想不到助力），最後還附帶了四個大字「歡迎提問！」，我滿意的關上筆電，換上合身的套裝，準備出征！

「在去年，也曾經主持過 ......」「沒關係，報告到這邊就好！」總裁客氣的打斷。啊？！這是怎麼回事，我簡報的很差勁嗎？那一秒鐘的心情有如洗三溫暖。「我對妳的過去經歷大致上都了解，我只是想知道你未來可以替公司帶來什麼？」說的也是，總裁的時間寶貴，而我也是有備而來！（內心忍不住小小的得意一下）

我提出了一個自己的想法：「1111 正在舉辦找到工作送一萬的活動，我覺得這個活動不但能鼓勵職場新鮮人，又是一個正面宣傳，藉著這個活動的鼓勵性質為核心，若是能補助面試者交通費，與捷運公司或其他大眾運輸合作送票卡的活動，或許也是可行的方案。」總裁聽了我的這番話後，沒說什麼，笑著點點頭，就說那後續你跟主管聯絡吧！幾位高層走出去後，其中一位主管很明確地問我：「妳什麼時候能報到？」聽到這句話代表，我順利過關了！

離職者的禮貌

為了不讓老東家主管為難，我從提出離職，到正式離職日，將近兩個月的時間，把該交辦的工作全都處理好，畢竟好聚好散是重要的原則，江湖在走，名聲要有！離職前該打的招呼，該做好的事情，一點都不要少。而另一頭人力銀行也希望我趕緊去報到，所以我還記得我的離職日就是生日，而新公司的報到日就在隔天，這段時間可說是時間緊湊卻又讓我充滿期待。（我發現每一份工作中間都接的很緊，十六歲開始似乎就沒把腳步停下來過）

老實說，從新聞業轉職到一般企業，個人覺得最困難的，莫過於不一樣的職場文化，而且要快速適應立場的轉換。比如我在新聞圈，已經有一定的年資，所以多數時間是我在教新人、帶團隊，但是到了企業界，猶如一張白紙，連印表機的紙要去哪裡拿？公司的數據庫如何使用？發公函要去哪送印？這些非常簡單的問題，我都得從頭學習，畢竟掛著「發言人」的職銜，不可能允許我當太久的「新鮮人」，所以我又開啟了我的「海綿模式」，午休時間，趁同事在吃飯，我繼續趕緊熟悉工作。平常多聽多看多學習，遇到不懂的地方，趁同事有空時趕快發問，強迫自己進入戰鬥位置。

剛到人力銀行時，記者會連上台都發抖，沒錯，你一定想，做過多年播報台，怎麼會發抖？因為我沒自信，腦中所有的資料都是死背的，直到幾個月後，我已經完全了解這個行業，以及媒體容易切入的角度，我完全感覺得出自己的自信度明顯提升了幾個 level。

「男朋友視角」是腳架，必須隨時在包包中待命。

曾有熟識的記者來採訪時問我：「妳在新聞圈也是前輩了，來這邊什麼都要重新學，會不會拉不下臉？」說真的，一點都不會！隔行如隔山，不懂很正常，要是一來什麼都懂，那才奇怪吧？就是因為有「新人」的身份，只要禮貌的請教（千萬別在同事忙的時候去打擾，這點很重要），問過一次，馬上吸收、還要舉一反三，同一個問題不要一問再問，至少我遇到的同事，都很樂意教學與分享，也幫助我很快的熟悉人力銀行及ＨＲ、獵頭的一些眉眉角角，這一點，我真的很幸運。

問問題有個很重要的態度，問之前要先準備好，不要讓別人覺得我問的是智障的問題，確定這是個有價值的問題。

變成被採訪的對象 小心陷阱題

當然，立場的轉換，包括了過去我是手持麥克風的訪問者，如今變成被採訪的對象，思考也要完全換位。

過去的角色，是要想「我怎麼提問，才能讓對方完整回答出精準答案？」現在的角度則是要想「我怎麼回答，才能讓大家聽得懂我的答案？」以我個人來說，發言比採訪的難度，要高得更多！因為採訪前，我要問的問題，都已經先做過功課，但是變成發言人，在受訪的時候，可能預料不到記者會提問的問題。

比如前一個問題還在問「第二季哪個產業的職缺最多？」，下一個問題可能是「學測即將放榜，讀哪個科系，起薪最高？」（誒，小心！這題是陷阱題，因為學生畢業是四年後，所以要分析的應該是四年後的趨勢），發言人腦子裡要記住的數據量，非常龐大，思路也必須非常清晰，只要一有遲疑愣住的時刻，就可能會被別人覺得「不夠專業」，就某方面來說，人力銀行發言人跟記者最像的地方，就是要時時待命，隨時可能有記者打電話來問產業問題，平常就算是休假，還是要關心產業跟財經的動態。

直播即時性魅力　比電視節目還刺激

除了「發言人」的職務，我在公司也擔任影音跟直播的製作人，從邀約通告、腳本到主持，全都自己來，所以有些來賓接到我的電話也會很驚訝，想說我怎麼一條龍通包了！而說到直播節目和一般電視節目的不同，就是即時性！直播節目最大的特點，就是可以直接和觀眾互動，但是網路世界一體兩面，不可控的，就是我們無法預先得知網友觀眾的反應，像是有觀眾直接在影片底下留言說，「今天的來賓講話好沉悶喔，都快睡著了」（現在的觀眾就是這麼直接，身為媒體人心臟要夠大才行），這個時候，主持人的暖場功力就很重要，因此我常設計一些橋段，增加節目趣味性。

我曾經在節目中突然請觀眾點歌（因為事前對稿聊天，知道來賓喜歡唱歌），或是開放線上觀眾提問職場問題就送小禮物（這點就和展場主持有點像），我也遇過直播到一半，佈景板突然掉下來，差點打到來賓（我趕緊裝沒事，一邊對著鏡頭講話一手扶著背景板），或是來賓不小心打翻水杯弄濕褲子，趁鏡頭沒拍我時，趕緊遞衛生紙（直播節目真的很刺激吧？！）種種不可控的因素，比錄影播出的電視節目還要緊張，考驗著應變能力，不過也因為這些突發狀況，反倒讓節目更加自然有趣，不再和觀眾遙不可及，這大概也是直播節目吸引人的魅力吧！

● 我的危機感並不是害怕一成不變，而是不希望自己的未來，就只是這樣而已。

少一點點就不完美了

一面是青春活潑又可愛。

一面是女力爆棚，又柔又韌，要什麼有什麼。

週末，
創我的「宅經濟」

○ 職位：廣告統籌
○ 工作內容：接案、腳本、拍攝統籌

「耶～放假了！」不知道你的每個週末是怎麼過的呢？有的人會用在陪伴家人，有的人會用來進修，我就是那種常把週末拿來促進社會經濟的宅經濟狂人（如果有一天嫁人，可能會被另一半抱怨的那種），遺傳了商人老爸的基因，我閒下來時忍不住會想，經歷了那麼多工作跟產業，不好好「回饋社會」實在太浪費（←←想賺錢就光明正大的說）

ㄟ！不要以為我這一篇寫的是我在消費市場奉獻「心力」和「金力」，貢獻到底有多大，這要談的，真的是宅經濟，不過不是消費，而是增加生產力、奠定消費實力的「宅在家賺錢」經濟。這種「週末宅經濟」，有不少人投入其中，因為對很多上班族來說，平常日一到五工作已經夠累人，寧願好好休息，但我想在週休二日花半天或一天的時間，拼一點，接個案、兼個差，賺個外快，豐厚自己的荷包。

所以一直以來，我除了正職的工作以外，有時會透過朋友或過去工作認識的人脈接下一些「統籌工程」，比如，有新建案正在尋找廣告團隊，我就會用週末去代銷中心或建設公司提案，若是順利得到案子，我就會窩在自己的小天地，默默製作腳本，經過多次溝通，和業主確認拍攝細節、畫面呈現分鏡、演員挑選完成後，開始找自己身邊認識的朋友一起拼經濟。無論化妝師、經紀人、演員、攝影師、剪接師等，都是過去累積的人脈。在這個人人斜槓的年代，能夠賺點小小的零用錢，還可以讓身邊的夥伴們一起打拼，何樂而不為？

「錢難賺」，這句話懂吧，從「明天記得七點到林口喔！」到「你們早餐想吃什麼？」要賺零用錢可沒這麼簡單啦，總是要花些時間，對好所有細節，小至早餐吃中式西式、大至演員服裝去哪找、攝影器材規劃（一機還是兩機？要不要用到空拍機？需要縮時嗎？用 Mini mic 還是手拿 mic？）這些拍攝細節，通通都在我腦海中。這樣說好了，在這一份工作的內容中，我就像是電影或廣告片的製作公司，包山包海，前置、後製通通要顧到，所以拍攝前夕，有時也會徹夜未眠，想著明天早上的油條該去哪裡買（?!）不過我也不是鬧著玩的，一頓早餐吃得好不好，的確會影響整個團隊的情緒，所以在吃方面，我一定不會小氣，好好張羅。

拍攝當天在吃完早餐後，要開工囉，但各行各業都往往要看老天爺的臉色，天氣好壞，是拍片順利與否的重要因素，所以一定要抓緊時間，這時候可能還有工作人員在慢慢吃，或是有些要求完美的化妝師，妝化的很細緻但化的比較久，好脾氣的我本人，還是要扮演一下黑臉了，「要麻煩加快速度，等下中午陽光太烈拍不了，這樣來不及明天還要補拍！」唉......這大概是所有工作裡我最不喜歡環節了，總是希望大家可以開開心心的工作，為了讓大家拍攝順利，業主滿意，快快收工，我有時還是不得不當起這個「歡樂終結者」。

不過到目前為止，我還沒有真的去「兇」過哪個人，畢竟大家都有過工作經驗，一旦平常笑臉迎人的我，突然一臉嚴肅的認真說話，大家大概都會驚覺「時間應該真的要來不及了！」如果還是沒麼反應的話，我才會說出「來不及的後果」（也就是擇日補拍或業主要求換人），這時大家通常就會開始嗡嗡嗡動起來！

傳說，fortune cookies 都是騙人的。

非常仔細的工作計畫表

擔任這個類似製作人角色的「一人製作公司」，我有一張非常詳細的工作表，幾點鐘到幾點鐘的工作是甚麼，一定要非常明確，甚至一個畫面內的工作人員有誰、用哪種機器、串甚麼音樂，都有表格。因為我必須要快速地讓演員、攝影師、剪接師、化妝師，所有人在最快時間內知道要做什麼。

除了把人跟場地的事情安排好，還要注意很多小地方，比如在現場監聽有沒有路人的聲音或其他雜音穿過去，演員的衣服領子是不是歪了，剛剛有鏡子的地方，攝影師是不是露餡兒了？拍攝完成，要上字的內容，要做的後製特效，要鋪排哪種類型的音樂，還有通常業主會有修改的需求，也要來來回回的溝通討論，因為讓客戶滿意，才能有下一次的合作，更可能因為「口碑好」口耳相傳，得到其他客戶的合作機會！

不過這類型的一人多工斜槓，要關心的細節太多太多，非常耗費體力和腦力，所以若不是真的很樂於工作的朋友，純粹只是為了多賺一份薪水，卻沒有辦法兼顧好本業的話，我不建議嘗試，因為很有可能顧此失彼，賠了夫人又折兵！但如果你像我一樣，覺得工作可以帶給你滿足和成就感，擁有滿格電量及隨時任意切換角色的能力，那就一起加入我的行列吧！（現在是週六的凌晨 12:29 分，我這個像陀螺轉個不停的一人製作公司，又新增了一個女作家的身份，痛並快樂著的敲著鍵盤，繼續前行！）

好啦～我的未完待續的「破關」故事就先說到這，接著來說說我到人力銀行後，身邊朋友和求職者發生的真人真事，希望能帶給大家不同的職場視角（雖然都是化名，但還是有經過當事人同意啦～）

P.S.

● 組織團隊，大家一起掙錢搏感情。

這些粉紅泡泡就像我的少女心。

Another
Story

番外篇

HR 不直說的
17 個職場必修課

Lesson 01
排版出錯 履歷再優秀也不被看見

到了人力銀行後，身邊有些朋友都會問我：「奇怪，我怎麼投履歷都沒有回覆？」，有趣的是，找上門的朋友，學經歷一個比一個強，所以我也感到很奇怪，這也勾起了我的好奇心：「如果你不介意的話，履歷方便給我看一下嗎？」有幾個朋友也很直接的把履歷傳給我，我一看，還真的有問題，但問題不出在文字內容，而是排版上的問題，出現頻率最高。

這些優秀的人才「不被人資看到」的原因，排名第一的是：「在同一家公司待太久」，大家應該很好奇，穩定度高不好嗎？（職場文化已經和過去不同啦！）世事都有兩面刃，待得久除了代表穩定度高之外，也可能表示你對職務異動的接受度和彈性不高，另外一部分就是你的薪資可能相對比較「貴松松」，薪水比很多高階主管更高，這也是人資會考慮的部分，除了這些比較主觀的因素之外，大部分在同一家公司待了很多年的人，經歷會是這樣寫的：

2010/3-2020/6　A 公司 擔任業務專員、業務主任、業務經理

這樣一行寫得滿滿的，其實是增添履歷石沈大海的機率，因為第一關，通常會是電腦系統篩選，如果是要找業務經理的人資，關鍵字當然是搜尋「業務經理」，就算是一份一份用肉眼看，這樣的排序也可能讓人資漏看了，而且人資也需要知道，你擔任不同職務的時間有多長，一位菜鳥主管和成熟的主管，資歷和經驗累

積是不一樣的，所以比較聰明的寫法會是：

2016/3-2020/6　A 公司 擔任業務經理

2013/3-2016/3　A 公司 擔任業務主任

2010/3-2013/3　A 公司 擔任業務專員

除了經歷，還有一個重點是照片，或許很多人會覺得照片不就是漂亮、帥氣就好嗎？但很多人會忽略背景，背景最好是淺色，太暗的顏色，會把人給「吃進去」，無法第一眼就吸引人資的眼光，盡量避免用學士服照，感覺「心還在學校」，要記得，人資看每份履歷的時間真的不長，大約六～十二秒，就能決定要不要繼續看下去，所以第一眼，一定要吸引人的目光，照片是不是有精神，看起來讓人覺得聰明機靈或有親和力，絕對很加分。

而履歷內自傳的部分，請一定要填寫，千萬不要空白，因為你略過自傳，人資也會自動略過你，畢竟如果連自傳都懶得寫，人資不僅無法了解你，看到的更會是：這個人連爭取工作都「很不積極」，「連這個都懶，進來一定懶到爆。」是大家默認的看法。

另外，自傳最忌諱的是「流水帳」，「小學一年級得過演講比賽冠軍、小學三年級拿過最佳進步獎，國中一年級 .....blah blah」，這種久遠且不可考的經歷，通通拉哩拉雜沒整理就放進去，會讓忙碌的人資看了很不耐煩（尤其每個月發薪日）。

自傳內容，建議最早從高中開始就好，如果是有一定職場經驗的老鳥，只要清楚闡述在每間公司擔任的職務、實際工作內容、業績或亮點、是否擔任過主管職、管理過多少人，未來打算替公司帶來什麼樣的實質貢獻，簡單清楚明瞭的自傳，勝過又臭又長看不到重點的「家族奮鬥史」，如果時間跟技術允許，圖文並茂、量身定做的 PPT，會比制式履歷表來的更加分。

金盆洗手？難道又要轉職嗎？

Lesson 02

HR 偷偷不說的事

再提醒大家一個，很多人都不會注意到的小秘密，就是如果住得太遠，住家到公司車程距離一小時以上，有些人資會考量到會不會太累無法久任，或是天天遲到開天窗，因此不敢錄用。曾經我也是「近漂族」，十年前我在新聞台任職期間，為了保持記者的機動性，即便我家就住台北市，也硬是去內湖租房子，距離新聞台騎車只要五分鐘，（早在很久很久以前，內湖早上塞車的慘況，就已經不是開玩笑的），當年的薪資只能租加蓋套房，非常的潮濕，褲子掛在牆壁上會發霉的那種，直到存到了一點錢，才去買了除濕機（一直不敢讓爸媽知道，希望他們不要看到這一篇，哈哈）。

現在想想，雖然生活品質沒那麼好，卻能讓自己能從從容容的工作（畢竟有時候凌晨就要上班了），我一直認為那是個正確的選擇。當然，大部分的人都想兼顧生活品質、通勤距離、工作表現，這些條件環環相扣，卻很難面面俱到，只能選擇你心裡覺得最重要的選項，而我選擇了居住品質差一點，卻能多睡一點，工作精神更好一點，至今我還是不後悔當時「逐水草而居」的選擇。

● 求職者應注意的事：履歷排版、自傳、照片、通勤問題。
● 投履歷也有黃道吉日，宜：週二～週四；
　忌：周末～周一，每月發薪日 (五、十、十五)。

Lesson 03
你是「跳高族」還是「職場逃兵」？

在職場上，並非每個人在職位或薪資待遇上，都能一帆風順，步步高升，不少人是這樣的情況，在公司做了挺長的時間，職位呢，上不去也下不來，有時還因為工作認真，被扣上一頂「能者多勞」的帽子，於是有些人會在這個時候，選擇三十六計走為上策，我的一位朋友，從二十多歲就重複著這樣的劇情，直到現在三十六歲了，薪水卻只比當年我們二十多歲，多了一萬元左右。

這個朋友起碼換了五家公司，薪水卻怎麼跳都是「一點點」，他也很不解，為什麼人家跳槽是越跳越高，自己卻像一隻在原地跳個不停的袋鼠，而且口袋總是空空。我分享自己的觀察，因為他的「跨度太大」，從媒體業→服務業→媒體業→教育業→設計業，真的是極度有彈性，不畏新挑戰，所以他好奇的問「跨度大，不代表會的事情更多嗎？為什麼談薪水卻總是這麼不順利？」

如果你也遇到這種困境，想跳槽之前不妨反問自己，你累積夠了嗎？你的實力足夠你爭取更好的薪資嗎？雖然職場文化不同於以往，基本道理還是相同，想要在職位或薪資待遇更上一層樓，累積的實力和評價有沒有足夠的支撐力，更何況我的朋友跳槽，選擇不同產業，經驗值、人脈關係、產業資源不一定能夠互通，轉職後過去的經驗能為自己加分嗎？這都是想跳槽、想斜槓的上班族需要思考的。

仔細看看跳槽薪水三級跳的朋友，都有一個特徵，多數是在原公司「表現太出色」，被挖角搶走，又或是同時有很多份工作選擇，這些跳高族，離開的原因通常都是很正面的，像是「想學習別的專長」、「薪資待遇比較高」、「對方給出更好職位」等更優渥的條件。

至於怎麼跳都在原地的人，多數離開前東家都是因為「主管爛」、「同事煩」、「工作無聊」這一類比較心理層面而非現實層面的考量，我常常會勸這類「心委屈了」的朋友，因為很難預測，下一份工作會不會遇到擺爛的同事、無能的主管（「人」的因素，是最不可控的），而且多數的工作日復一日，做了一兩年後都會變得無聊，所以如何去自己找「新東西」發揮，或是跟主管爭取其他機會，也是一種讓工作變得比較不無聊的方法。

離開，不一定是最好的選擇，改變角度看事情也是可以考慮的方式，正在掙扎是否要換工作的讀者，千萬不要因為負面情緒而變成職場逃兵。

● 薪水三級跳的人，多數是被挖角或是因為正面原因離職。

心情不好？來個小麥胞或是閨密的療癒偽刺青。

Lesson 04
別把「精明幹練，我比你強」寫在臉上

在職場打滾多年，總是被主管稱讚高效又精準的案例 E 先生，是我多年的好朋友，
「週五晚上，待在家幹嘛？出門了啦！」

看到這種硬要把朋友拖出來的開場白，我就知道，這愛面子的傢伙，肯定又心情
不好了。每年過年前夕，他總是會陷入一個無限封閉的迴圈。

沒錯！又有人升官了，只是那紙人事令上面的，依然不是他，連比他晚入行的同
事都升經理了。

我身邊這樣的朋友還真不少，工作能力強，甚至強到如果提拔你升官，直屬主管
會擔心到被你「爬到頭上」。

「沒辦法，我說的話他又都不愛聽，他只愛聽好聽話！」E 先生皺著眉頭，晃著
手中的威士忌，彷彿喝下這杯，明天就能換新工作似的。

明知道再撐下去，升官機率還是很渺茫，但是他就是不甘心。就像戀愛談了十年，
知道不會有結果，卻也分不了手，「斷、捨、離」在職場、情場、市場，永遠都
是最難的，誰不想逢低進入，逢高殺出？問題是他始終不願意小賠出場，又繼續
死撐著，耗的時間越長，又越捨不得離開。

「你不是輸在不夠會拍馬屁,而是輸在你不夠會做人。」我忍不住提醒 E 先生。

老是把「我很強、我很厲害、我可以幹掉你」寫在臉上的人,誰不會有警戒心呢?職場上,不只要會做事,更要會做人,不一定要會拍馬屁,起碼和同事、主管和諧相處,是把工作做好的基本條件之一,所以懂得適時「做球」給主管跟同事的人,比較能在職場這條路上走得長久。比如,被老闆稱讚時,除了開心接受,也要適時提出對整個團隊同仁和直屬主管的感謝。

當然如果你的主管真的爛到爆,和你八字不合,你實在無法委屈自己多說兩句好話時,還是趕快趁早想好下一步吧,畢竟生命有限,青春無價,早點離開不適合的工作,另覓良機吧。

P.S.

● 懂得適時「做球」給主管跟同事的人,比較能在職場這條路上走得長久。

Lesson 05
說外表不重要那都是騙人的

「外表不重要」這句話，在求職市場上，絕對是一句天大的謊言，日本曾經有個節目，找了兩間公司，把外型姣好的年輕模特兒跟大學生混在一起去接受企業面試，面對困難的考題，模特和一般大學生同樣都回答「我不知道！」，前者會被認為很坦率，後者則會被認為能力不足，第一印象，外表跟談吐佔了絕高的比例，這才是職場血淋淋真實情況。

我在學生時期曾經有兩年戴著牙套、掛著厚厚的眼鏡（沒錯，就是校園劇中的牙套妹），在學校辦的迎新活動，努力地搬著桌椅，有人聞問嗎？想也知道，學長們自動自發的跑去詢問我的美女同學，餓不餓、渴不渴？「學長帶她去吃飯，這邊就麻煩妳搬囉！」（心中○○××），然後我聽著自己肚子抗議的聲音，默默的繼續搬。這個故事聽起來好像很悲情，卻啟發了我對「外型自律」的重視，因為痛過才知道正妹的重要性，我大學時用打工存款，去作了牙齒矯正，學習戴上隱形眼鏡（因為會忍不住眨眼，練習了好幾個月才戴上），外形的改變，不但對自己更有自信，能選擇的工作機會也變多了，例如要面對群眾的主持工作。

也不是說一定要天生帥哥美女，才能在職場上大展拳腳，在職場上，太帥或過美依舊有讓未來發展受限的危機，對明星演員來說，想要演什麼像什麼，造型絕對很重要，穿著嘻哈裝參加庭審的大律師，你能接受嗎？形象塑造的重點，在於符合時間、場合和身份。不妨從所謂的「外型自律」做起，指的是多嘗試幾種打扮、髮型，找到最適合自己的樣子，除了乾淨整齊，讓人覺得舒服、有精神之外，應徵不同的產業，處在不同的位階，都要有屬於自己的「辨識度」與「專業感」。

在做運彩分析師時，我會綁著有元氣的高馬尾，有時還會穿著球衣上場。在進入新聞圈後，為了讓自己看起來更沈穩，我會選擇把頭髮放下，就算是清晨四點多的早班，我也會自己把髮根夾的蓬蓬的，讓自己在鏡頭前比較有權威感。在進了人力銀行當發言人後，我開始蒐集各色西裝外套、襯衫、窄裙、西裝褲，幫自己打造出專業人士的外型，絕對可以為自己在實際工作表現之餘，再大大加分。這也就是為什麼，大型連鎖企業，只要需要面對消費者，一定要有制服，有些工作還會要求女生紮馬尾或綁包頭，這都是為了呈現一種形象感。

正所謂「佛要金裝，人要衣裝」，穿什麼像什麼，很重要，特別是當你覺得自己天生的外型不夠亮眼，在職場上略嫌吃虧，不妨參考一下電視劇或電影，基本上各種職場角色，都有可以參考的打扮，（那些角色塑造，可是造型師思考設計過後的成果），不過切忌把一些太「潮」或「太性感」的東西往身上丟，比如螢光潮鞋還是金屬龐克，除非你是在流行或藝術相關產業工作，否則流行並非什麼都好，通常「經典」才會是能讓人比較有信賴感的模樣。

解方：如果真的對自己的膚質、五官、身材不滿意，好好做功課，看看自己真正需要的，醫美、雷射、運動、能讓自己變得更賞心悅目的方法有太多，千萬不要盲目跟著流行走，比如東方美的鳳眼，卻非要配上高聳入雲端的鼻樑，看起來並不協調，之後為了讓眼睛搭得上鼻子，要修補的地方更多，後天美女帥哥沒什麼不好，只是要了解自己的特色，「減法」遠遠比「加法」要來得更加容易，也會讓人更覺得舒服。

● 穿什麼像什麼，很重要，不妨參考一下電視劇或電影，
　各種職場角色都有可以參考的打扮。

這年頭，髮妝師都比我們有型。

你照我‧我罩你。

稿痛、頭痛＋胃痛的對稿日。

Lesson 06
談升職加薪 要「吵糖」先讓自己有價值

不知道你身邊有沒有這種朋友，常常喊著「薪水低」、「老闆很小氣」、「幾年了都沒加薪」，可是就是沒勇氣找主管來場直球對決！

個案 P 妹在公司任職了六年，基本上每半年一次的頻率，身邊朋友都會接到她的抱怨電話，像是：「我跟你說，我某某同事這季被發了特別獎金。」又或是：「來這邊都幾年了，每天做到死，最扯的是沒加薪，年終還被砍，明天就去跟主管拍桌！」

結果隔天我們親友團致電關心的結果通常是：
1、主管沒空，找不到時間談。
2、主管說今年公司狀況不好，明年有機會一定幫她調薪。
3、主管說幫她升職了，但薪水只加了一千，之後再調整。（這已經是她說過最好的結果了）

以上狀況，共通點是「主管說」，卻總是沒聽到她「自己說」，其實國內以中小型企業居多，有很高比例的公司，是不會固定每年按照考核成績調薪的，所以我們才會常常聽到「有吵有糖吃」，實際情況是，大人的糖，絕對不是用吵架贏來的。

和主管吵架、抱怨，遇到脾氣好的主管會摸摸你的頭，跟你說營運狀況不佳，大家共體時艱，明年一起努力（心裡可能還是覺得你很白目）；直來直往一點的，可能直接批評你的表現，把你轟出去，或是晚一點你會直接收到人資主管的資遣通知（這應該不是多數人要的結果，當然如果是故意「被離職」的同學不在此列，千萬別懷疑，就是有人會這樣做）。

建議自己在入職半年後，評估一下，如果覺得目前任職的公司是個能大展拳腳的舞台，就要開始設定目標，不管是兩年加薪，還是三年升職，只要覺得自己辦得到，在期限到來之前，別成天想著要糖，先好好發揮自己實力，做出成績。如果在設定的期限之前，遇到了神仙級主管，主動幫你加官晉爵，那恭喜了，務必繼續好好努力，以工作成績來感謝主管回饋公司，並繼續設定下一階段的目標！

如果到了設定的目標期限，主管卻啥也沒說（多數人會設定在兩年左右），這就是該練習談加薪升職的時候。這和面試模擬有點像，因為員工和主管都會觀察對方的反應，而員工在任職期間的表現，就等同一張「動態履歷表」，只是看履歷表，多數主管是客觀的，而評估工作表現時，卻是主觀的，還會加上一些印象分數。

所以有些人會默默做事，卻不常和主管溝通或報告進度，導致主管也不知道你在幹嘛，甚至出現「這傢伙整天在摸魚」的印象。「沈默是金」在職場上是不管用的，適時的報告，讓主管知道工作進度，不只是讓你對部門或公司的貢獻「有跡可循」，也是累積自己的籌碼，因為在和主管「議價」之前，必須先摸摸口袋，看看自己有多少籌碼，如果過去的表現還沒有讓主管了解並認同，就該找機會向他（她）請益，「討論」一下工作內容、進度或成果，讓對方知道自己默默奉獻了很多，（如果沒做事、沒貢獻，千萬別去自尋死路），順便回想一下自己有哪些傑出的表現，是未來在「談判過程」可以用到的。

不過也要鄭重提醒！「談判過程」嚴禁過度的自我膨脹，可能造成反效果，讓主管覺得「當我不存在？還是覺得團隊都是空氣？」所以提到自己的「豐功偉業」時，還是用讓人舒服的方式，輕輕地點到自己的努力，希望能夠有加薪或升職機會，也希望未來能在公司久任。

如果有其他公司對你青睞有加，又和主管交情不錯，其實可以據實以告，表示你正在考慮評估，若不是因為經濟方面的考量，還是希望能繼續待在公司和主管同仁一起努力。當然，這必須要是真的有其他工作機會。要是瞎編瞎扯，萬一主管沒替你加薪升職，也沒慰留，結果還是繼續待著，主管只會覺得這個人不實在，導致下一次的加薪升職遙遙無期，所以千萬別隨便編織不存在的謊言，主管之所以能當上主管，多數都不是被騙大的，特別是同業之間，多少有認識的朋友或者是訊息的流通，一旦吹的牛皮被戳破，運氣好，你會被當成放羊的孩子；運氣不好，會變成同業之間的笑話，怎麼算都划不來。

最後，敲主管的門之前，請先靜下心來，絕對不要抱著一股怨氣，否則目的沒達到，又傷了和氣。進入正題之前，抱著「請教」的心態，和主管聊一下自己的職涯規劃，再進一步詢問是否有升職加薪的可能。也或者根本不是你不夠格，而是主管事情太多，沒注意到你該調薪升職了。（不要懷疑，這是有可能的）經你這麼一提醒，或許下個月就會收到薪資異動通知也說不定，如果三個月內沒消沒息，誠心建議可以為自己的下一份工作做準備，或是安穩地待著，等到籌碼夠了，再進行第二次「促膝長談」。

我評估自己的「籌碼」是能力強嗎？有成績能談條件嗎？或是時間還沒到，在我沒有十成十的把握前，我不會去談升職加薪。所謂的籌碼是：你有多需要我？

若不成功，我也不會戀棧，因為這件事和談戀愛很像，說了分手就不要回頭。

- 真實世界的實際情況是，大人的糖，絕對不是用吵架贏來的。
- 身在兵位，胸有帥謀。
  適時的「私下」建議主管，讓主管離不開你，才是談加薪最好的籌碼。

今天閨密都歸 me!

Lesson 07
轉職這件鳥事 轉得好順風而上

轉職真的是件「鳥事！」
因為轉得好就順風而上，轉錯了則逆風難行，就好比談戀愛換新對象，找到適合的搞不好會一起走一輩子，所以換工作，很可能是你人生的十字路口，真的是需要慎重考慮的人生大事！

既然都拿出愛情婚姻作比較了，就不得不提到Ｑ哥，他是一個很循規蹈矩的好學生、好先生，學生時期聽父母的建議選科系，交女友聽朋友的起鬨去告白，結婚的時候聽親戚的媒妁之言，現在連轉職都要來聽我的意見：「我想說妳都到人力銀行了，應該有很多好的工作機會可以介紹！」

「可以啊！那你想找一樣的產業還是轉換跑道？」里長伯個性使然，我答應得乾脆。「我老婆是說現在生技業正夯 …… 但我自己是覺得薪水夠高最重要。」所以另一半的要求重要還是薪水重要呢？

「我是有認識不錯的，但我記得你沒相關經驗，你想做研發還是業務 ……?」雖然有點一頭霧水，我還是邊翻了翻自己的手機電話簿。

「你幫我決定好了，你比較懂！」

我馬上決定放下手機，請Q哥想好了回頭再跟我說，不是我冷漠，只是連投顧老師都不可能保證哪支股票穩賺不賠了！

轉職這等人生大事，自己沒定見也沒研究清楚產業工作內容，一下聽老婆說，一下聽朋友說（還好沒唱周杰倫的歌），這樣的轉職實在太危險，再加上Q哥根本沒生技相關經驗，如果他沒想好前，我就介紹出去，不但可能誤了他，也可能誤了公司，更可能連介紹人都遭殃，可信度降低，變成全輸局面。

很多人資專家都會說，轉職最好轉跟你所學或上一份工作相關。在這邊補充說明一下，就算沒學過或完全沒經驗，只要平時就有興趣或經常接觸，其實也是不錯的選擇（比如我曾因為愛看棒球做過體育分析師；也有英文老師搖身一變成當紅YouTuber）

畢竟AI時代跨領域人才正夯，為了不被機器取代，手握多種技能已經是職場顯學。如果覺得自己的技能太單一，也可以從本職中找些鏈結。

美肌完還是要馬賽克的黃媽和隨你拍我都帥的黃爸。

158

比如我在當記者時，向同事學了剪接軟體，再加上在學生時期學習的電腦繪圖，節目執行製作時期學會的腳本撰寫、企劃能力等等相關技能連接起來，一個人的技能就等同小型影音製作工作室。

只要能夠一人多工，就算將來不想當上班族，也還有創業或接案的選擇，所以出現轉職衝動，在行動之前，請先停三秒想想，你準備好了嗎，能力越多＋選擇越多＝委屈越少！願正在讀這本書的你，在職場上永不委屈自己！

解方：選擇轉職或留下，只有自己才知道答案！像是我覺得很不錯，待了很久的公司，也有跟我同時期進來，待不到兩個月就提前退場的同仁，不是他不優秀，而是他跟公司磁場不合，企業文化跟運作模式都不是他想要的感覺，所以他提前停損。適合Ａ的不見得適合Ｂ，就像有些人，被前任稱作渣男渣女，結婚後卻被稱讚是新好男人或全能太太一樣，客觀來說，沒有絕對的爛員工或爛公司，大多數都是合不合腳的問題罷了。

P.S.

● 投資理財有賺有賠，轉職這等人生大事也是一樣的。

工作、飲食也要均衡。

Do Re Mi Do Re~

Lesson 08
改變唉唉叫的習慣，先求教再求救！

「您好，我是新來的同事某某某，想請問您這部影印機的使用方式？」
「我不會用這影印機，可以幫我印十份Ａ４簡報嗎？」

聽起來很相似的內容，給人的感覺卻完全不同，前者是好學的學生，只要態度溫和有禮貌，多數人都願意教導新手（教得好未來也可以減輕自己的負擔，實在沒有不教的理由對嗎？），但是後者，哈哈，基本上，被白眼少不了，好手好腳的，不會又不學，卻希望別人「幫你完成」，相信這時候同事的心裡會出現這個聲音：「哈囉，這可是你的工作，同事可沒有義務一定要幫！」

或許一次、兩次，同事會念在新人的份上伸出援手，不過時間一長，次數越多，這種類型的人，在同事之間很快就會被認為是「麻煩精」，正所謂「自助人助」，新人是有蜜月期的沒錯，多則一個月，少則一週，但是妄自拉長蜜月期，可就會讓主管或同事感到麻煩或頭痛，建議大家一定要在這個期間內，把該熟悉的日常庶務或行政流程搞熟，而個人主要業務也一定要在交接期儘速上手。

尤其問過同事的問題，比如「分機如何轉接」、「請假流程」，這類很基本日常，不太需要去理解的問題，切記，要是忘了又問、問了又忘，會被認為根本沒用心，沒有把人家教的東西記下來。若像我一樣，記憶力沒有很好的話，我會固定準備筆記本和筆，走到哪記到哪。若是突發狀況，可以用手機記下來，這些動作不但可以幫助金魚腦族的朋友（我是編號 001 會員）也顯得你做事有條理，個性謹慎，

讓同事對你的印象分數加分。

做筆記是一個好習慣,研究顯示,手寫可以幫助人類的記憶,而且事後還可以幫助自己回憶,增加工作效率,若是整天忘東忘西,工作內容雜亂無章,合作項目一旦出錯,就算錯誤不在自己身上,別人很可能也會第一個聯想到:「啊!一定是那個金魚腦先生/小姐出的包」,因此避免這樣的刻板印象上身,建議有事多記,對工作來說,絕對是有幫助的。

解方:遇到不會的事,別先急著求救「幫我做」,而是「如何做」,學到的就是你的,未來不管上哪個戰場都可能用得到,多做多學,有一天你會感謝自己的。

● 準備筆記本或手機拍照,是一種認真負責的態度,
　也有助早點跳脫辦公室菜鳥身分。

Lesson 09
比較年終獎金 敏感話題多說多錯

「你們公司今年有沒有尾牙？」、「不求尾牙，只求年終！」
這是每到農曆年前一定會出現的日常對話，甚至可說是上班族的聊天起手式。

過年的前半個月到一個月，多數人都開始感受到空氣中瀰漫著一股興奮、期待又怕受傷害的氛圍，愛遲到的同事開始準時了，愛抱怨的同事開始任勞任怨，本來就很認真的同事像是把命豁出去似的加倍努力，這些改變當然也是為了過年的戶頭餘額所做出的努力，就只差沒對主管說「看看我！我很努力的工作唷～」

這些臨時抱佛腳的努力到底能達到幾分作用呢？嗯，年終前拼一點，當然有其必要，卻不代表年終就會因此提升，這一年的努力跟成績有幾分？在打考績之前，主管早就心裡有數了，最後的衝刺只是維持住你在主管眼中的印象分數。

這一點，外商公司跟本土企業比較不同，外商通常高底薪、有固定比例的分紅，而本土公司則大多就是等著年終獎金來決定你的最終年收入，也成了多數老闆留住人才的 boss 級大絕招，只要年終跟預期差不多，也沒什麼非走不可的理由，基本上員工也會選擇留下來陪公司來年再戰。

但世事豈能盡如人意，各部門的獎金，或多或少有比例分配上的問題，（不少公司的業務部門，獎金就是比後勤部門來得多），所以一定是幾家歡樂幾家愁。主管在分配的時候，除了表現跟業績外，還有太多要考量的「現實因素」，比如：這個人雖然能力不強，但勝在聽話好用、那個人是大客戶的親戚，獎金不能太難看。這些「個人能力」外的評分標準，常讓許多人忿忿不平。

在這邊只能奉勸大家把心放寬，年終獎金不是法定制度，除非簽約時有特別談定，否則沒有「一定得給」、「非拿不可」這回事。不論是因為有背景、會做人或是愛拍馬屁，一切都有可能是老闆喜歡或需要的條件，毋須推測也毋須比較，「老闆或主管「主觀」需要你的程度，就是你年終獎金的最後結論。

解方：獎金進戶頭的時候，有些人會開啟交流模式，到處問年終，但不管比人高或比人低，金額已經是注定的結局。所以即便有同事主動分享他的年終金額，還是不動聲色吧！這種敏感的話題多說多錯，若是你拿得比別人高，搞不好會被看不順眼，拿得低，又可能會被別人覺得你很「黑」，切忌自找罪受！

P.S.

● 老闆或主管「主觀」需要你的程度，就是你年終獎金的最後結論。

出得了廳堂。

入得了廚房 (自己講、自己 High~)。

Lesson 10
決勝關鍵 5、6、7 秒 助履歷脫穎而出

「我跟面試主管說：抱歉，我只能再待五分鐘，等等還有其他安排！但她也是笑笑的送我坐電梯，應該不會這樣就生氣吧。」美女秘書小 J，覺得目前薪水無法滿足，正在積極地尋求下一份工作，但應徵了三家公司，過了半個月，毫無回音。

「妳把三家面試都排在同一天下午？」聽說三家公司，她面試時間都不超過半小時，時間快超過了，小 J 就打斷面試官的話，說是後面有事。「我想說這樣只要扣半天的薪水，能省則省嘛！」，面談的三份工作，都比現在的薪水要高出一萬以上，只是小 J 這下可能要省小賠大了。

道理很簡單，你認為，是面試官的時間單位成本高，還是你的時間單位成本高，如果你覺得你的時間寶貴，面試官不就更不需要浪費比你更寶貴的時間，換作是你，會用小 J 嗎？當然或許你是很搶手的人才，不過，尊重面試單位的態度，也可能是你中選的條件之一。

特別是同一批應徵者，條件都不錯時，面試官比較的就是第一次見面的印象分數，我仔細端詳小 J，面貌姣好，打扮入時合宜，不過度花俏，也不死氣沈沈，整個人看起來活力四射。以談吐來看，開朗卻也不失優雅氣質，咬字清晰，唯一的缺點是有時候講話太快，一著急起來，音調就會高八度。

雖然不知道履歷石沈大海的原因，是因為人資太忙，還是因為有其他比小 J 更優秀的人選出現，不過從小 J 跟我描述的情況來看，提前離開面試現場，應該是致命傷之一，這不但讓人資或主管覺得不夠重視這次的面試，也會給人時間規劃不夠妥當的感覺！（當然如果面試時間長的太誇張，比如三個小時，不在此列）

很多人聽過英國心理學家 Linda Blair 的黃金七秒論（跟記者做新聞的概念很像，要在短時間內抓住觀眾的眼球並引發想看下去的興趣），可能大家會覺得七秒決定結果很誇張，但的確無法否認第一印象的重要性，大部分的人會覺得談話內容是最重要的，但其實讓人有好感的決定性因素，外表、儀態、肢體動作、音調佔了更高的比例，當然還有對這份工作的熱情。

小 J 看來應該是讓面試官有不錯的第一印象，才會有進一步了解的想法，但卻沒有給對方充分認識她的時間，以面試來說，還是建議一天一間公司，最多安排上午、下午各一場，讓自己有充分的時間準備並安定情緒，也不用在交通上疲於奔命，造成遲到或早退等突發情況。

至於在看履歷的時候，很多人資透露「六秒鐘」就可以決定要不要繼續看下去，照片模糊或貼了一大堆圖案，刷掉。住得太遠，刷掉。自我介紹看不到重點，刷掉。畢竟人資時間有限，要從一大堆履歷中撈到有緣人，當然是效率優先。

至於五秒鐘，則是在通知面試時，你給對方的第一反應。因為看不到表情，聲音就變得很重要了，人資只能從語氣還有回應內容判斷求職者，雖然通話時間通常很短，但也千萬不能忽略這一關，對於很多嚴謹的ＨＲ來說，這也會列入印象成績，一定要確認的是「時間、地點、要準備的資料、是一群人一起面試還是單獨面試」，時間地點自然是不用說的，最好也確認當天面試的是有投影機的會議室，還是一般辦公室，才知道是否要準備自我介紹的電子簡報或是直接印出紙本（我自己是都會準備），而確認集體或單獨面試，則是讓自己有心理準備，免得一到場後，被突然其來的「大場面」給嚇到。

● 5秒聽出語氣反應、6秒看履歷、7秒決定了見面第一印象。

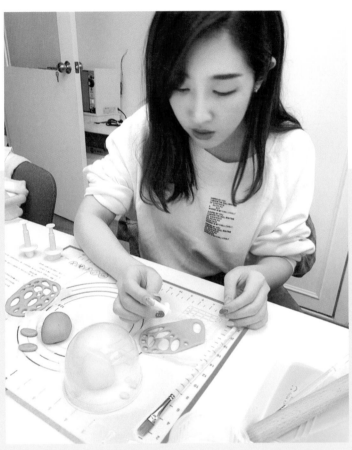

規規矩矩去努力，發揮異想也很好，每一種作法都可以 (製作饅頭中 ~)。

Lesson 11
追求人脈別過度周到 細水長流才是王道

農曆春節的年終獎金放榜後，總是幾家歡樂幾家愁，但過完年後，風水輪流轉，變成員工替公司打成績，要走、要留還是要爭取加薪，通常在這個時候多數人已經做好決定！

總說職場如同情場，分手跟離職的藝術差不多，分得不好的，老死不相往來，到處說對方不是，玉石俱焚的例子比比皆是，分手分得好的，未來不但有可能繼續攜手向前，還可能有更好的機會。

我身邊就有個「分手」達人，每兩年換一間公司，薪水越墊越高，前主管或前老闆不但不可能說她壞話，公司聚餐還總是會叫上她一起，「CC，要不要來參加春酒」、「我助理下個月要出國讀書了，CC 妳那邊有沒有朋友可以介紹？」

不說的話，外面的人可能還以為她還沒離職。一直以來 CC 都是個很周到的人，就算離職跳槽，逢年過節該祝賀、該送禮，她絕對不會漏掉遺忘，每年的送禮名單，長長的一掛的跟鞭炮沒兩樣，而且絕不假他人之手，親自一一的送到位，就算時間搭不上，她也一定會親手寫卡片附在禮盒上，這樣的努力維繫人脈，投資大量時間財力，真的不是人人都做得到。

而且這樣把油加滿的做法，一旦開始，就得堅持下去，就像總是考滿分的資優生，如果偶而考了九十分，可能還會被批評一頓，而總是考七十分的同學，考了一次

九十分，還可能獲得肯定獎勵，當然 CC 這樣周到不是不好，只是「持久」，才是這場馬拉松的真正勝負關鍵。

在職場讓給自己有一點彈性的空間，會比做到滿或都不做，要來的好，會有這樣的心得，也是 CC 帶給我的，像她這樣在我心目中無懈可擊的優等生，就因為有一次，前主管要她幫忙，挖角現職公司的業務經理，CC 再三考量之後，認為如果這樣做，對現在的公司過意不去，也少了點江湖道義，所以禮貌地回絕了，沒想到這一個「不」字，可不得了，前主管不但對她的前同事們抱怨，說 CC 是忘恩負義、大頭症，事情最後還傳到現在任職的公司，搞得現任主管也質疑 CC，為何和前公司走得那麼近，讓她兩面不是人，公親變事主，最後 CC 也因為這一起「冤案」，離職去了下一家公司。像這樣的事求圓滿性格，交朋友很容易，但惹禍上身的機率也不低，也印證了「君子之交，淡如水」，細水才能長流。

解方：上面這起事件看起來 CC 何錯之有？非常無辜。但因為我自己本身原來也是屬於超級「里長伯」，甚至偏向「討好型人格」，很怕對別人說不，或讓朋友失望，但也是到這幾年才知道，別委屈自己，在自己舒服的情況下還能幫到別人，那才是真正的高情商。

P.S.

● 職場如同情場，離職跟分手的藝術差不多。
　但維持關係的同時也要注意給自己一點舒服的彈性。

Lesson 12
分手快樂 離職力求和平落幕

想起前任，你心裡會有甚麼感覺呢？是感慨、惋惜、還是逃過一劫？

我們對一個人的印象，通常都會停留在我們最後接觸的時間點，所以如果不是吵吵鬧鬧的分手，而是理性和平的分開，不但能在對方心目中留下美好的印象，說不定未來還有復合的機會。在職場上也一樣，離職時謹記要維持優雅的姿態，說不定未來的工作，還會經由前主管或前同事來介紹。

確定要離開公司了，第一步一定是「先去找直屬主管告知離職意向」，這聽起來好像沒甚麼特別的，往往有人在離職前，因為交情的關係，先跟同事透露訊息，沒有先告知主管，這麼做的壞處是，一旦離職消息一傳十、十傳百，在跟主管開口前，他已經先從別人口中聽到風聲，那麼在心裡的印象分數，肯定會先扣分；再來是一定要給公司緩衝時間，找到替補人選，做好交接，這點我想大多數人都知道，不過還是提醒大家，根據勞基法規定，員工只要離職就有提早告知公司的義務，依任職時間長度有不同的預告期間義務，如果要和下一份工作的任職單位，確定報到日期時，也一定要把預告期算進去。

(1) 工作滿三個月、未滿一年：十天前預告
(2) 工作滿一年、未滿三年：二十天預告。
(3) 工作滿三年以上：三十天前預告。

不愛了？不想了？好好分手的姿勢也很重要。

幹得好 (肝吶好) 人生就是彩色的。

現在因為社會環境的變化，加上通信軟體盛行，很多人與人之間的聯繫都靠科技，但是「告知離職」或「辭職」這回事，萬萬不可，一來不夠尊重主管，二來對自己的未來也沒好處。我身邊有一位擔任主管職的朋友，他的秘書離職，直接傳 Line 告知：「只做到今天」，不但沒親自提出離職，連電話也沒打，讓我朋友簡直氣瘋了，怒嗆，如果未來有人打電話來詢問這位秘書的表現，他只有四個字的評價「零責任感」，這可是職場上的一大忌諱，其實這位秘書過去的表現並不差，只因為最後的表現太糟，印象分數毀於一旦。公司企業徵才任用，非常重視責任感，想在職場路上走得順利，用通信軟體辭職，千萬要不得。

有些人辭職，會不知道該如何面對上司主管，關係好的，除了人情壓力，還包括不知道該如何說出口，和主管關係不好的，壓根兒不想說，但是遇到這一類的問題，我會說，「誠實為上」。提離職時，主管問起未來動向，關係好的請老實說，因為人情依舊在；要是關係不好的主管，不想說，那最好用的理由當然還是生涯規劃、家庭因素，千萬別亂扯說要出國還是創業，結果在隔壁對街的公司門口被遇到（真的聽過這種情況，各職業的圈圈，大多主管都互相認識，畢竟台灣真的不大），而在新工作到職前，還是保密為上策，以免節外生枝。

確定離職後，接下來的日子，請認真的把工作消化，不要開心的跟開趴一樣，一方面造成人心浮動，另一方面也讓主管印象扣分。

● 離職時謹記要維持優雅的姿態。

「日領？解困？當日可上班？」向 1980 的求職時代致敬。

Lesson 13
知己知彼　求職就能百發百中

面試前除了把自己的外型精心打點一番，我會花更多的時間，去看看這間公司的業務內容，企業精神、年度大事記或相關報導等等，先讓自己心裡有個底。

如果知道自己的面試主管是誰，上網 Google 一下這個人的學經歷背景，或是看網路社群，找找面試官和自己有沒有共同朋友，去了解一下他的處事和領導模式，比如個性比較海派、比較阿莎力的面試官，我會用比較簡短、講重點的方式，去提出我過去的重要經歷，和未來能給公司什麼不同的貢獻，比較愛聊天的，我會用講故事的方法來讓對方提起興趣並激起共鳴。

會養成這個習慣是從展場主持時期開始的，因為那時經常要試鏡，長久累積下來的經驗發現，參加試鏡的人如果對公司或商品有一定的了解，表示有做功課，展現對這一次機會的重視，肯定會很加分。反映在求職上也一樣，一來，面試主管會覺得求職者夠有熱忱，誠意十足，夠認真有努力，二來，求職者對公司有一定的了解，未來上任之後教起來，也應該會比較順手。

也因為這樣的習慣，後來我到民視試鏡運彩節目，特別又溫習了前一週的賽事，球員名單，防禦率、打擊率各項數值（平常也會看，但對於那些數據沒那麼熟），結果當天除了模擬一段比賽播報外，也問了我當時幾個知名球員的狀況，我都能如數家珍，因此順利進入了節目團隊。

在當年，網路資訊的流通還沒有今日這麼發達，很多資訊都得土法煉鋼去挖，但是現在不管公司規模、主管資歷，基本上動動手指都能找得到，再不然，也可以上人力銀行或是一些論壇，都會有各行各業各公司的面試經驗分享，在找到這些資訊後不只是要記在心裡，還要分析，你能對這間公司有什麼貢獻，憑什麼可以拿到你開出的薪資價碼？如果你對自己未來的貢獻規劃，剛好一擊命中老闆的想法，那麼恭喜你，或許這次真能找到你的伯樂！

解方：找工作就像追男女朋友一樣，必須投其所好，如果對方想要的是一碗平民美食滷肉飯，你卻端出了一盤米其林級的肋眼牛排，就算再高級，只要不是對方真正想要的，那都等同於沒交集的平行線。永遠要記得，職場是供需問題，並不是大家都覺得好的東西，別人就一定會買單，所以即使這回面試不成功，也要給自己信心，沒準是對方錯失了你這匹良駒。

P.S.

● 多數老闆不但在乎你的過去，更在乎你的未來能帶給他什麼驚喜。

没有目的才有趣，
非典型人生的 100 種可能

只要認真想做好一件事，全世界都會來幫你。

Lesson 14

別當「一秒惹怒 HR 的求職地雷」

從進入人力銀行後，每天要接觸到的不是企業主、人資，就是求職者，也因此聽了很多光怪陸離的「面試活教材」、「有毒的履歷」等等，這些都是過去在新聞圈，想都沒想過的面試情況。

「我最怕的就是那種帶爸媽來面試的」，一聊到最不想碰到的求職者，人資主管婷婷口氣都變了，感覺好像下一秒就要抓狂，「最誇張的是，整場面試都是媽媽在說，我兒子很乖，從小就品學兼優，我也是想來看看他以後的工作環境，你們聊你們的，沒關係。」、「說是說沒關係，當我要開口問他，平常有什麼興趣專長時，你知道接下來怎麼樣嗎？」婷婷一臉「你絕對想不到」的表情，吊足了我的胃口。

「他媽媽居然掏出手機！開他兒子跳舞的影片給我看！然後說他兒子又帥又多才多藝。」雖然跳街舞也是很健康的嗜好，但婷婷的公司是做線上英語家教課程的，實在和街舞八竿子打不著。最後整場面試，該問的沒問到，該了解的沒了解到，婷婷從頭到尾和應徵者講話的時間不超過兩分鐘，大部分的時間都是媽媽在SOLO，不知道到底是誰在面試。

另一位資深人資BEN也馬上很有共鳴的加入話題，「家人想一起來也不是不行啦，只是頂多在外面等，不然碰上這種的，到時候媽媽又打來抗議加班，還是抱怨工作太辛苦，錄用了也是後患無窮」，家人陪伴參加面試，對人資來說並無不可，只是參加工作面試可不是挑幼稚園入學，家長瞻前顧後，面試者卻沒發言機會，

媽寶級面試者 OUT！最讓人資顧忌的，就是擔心這類型的求職者，依賴性太重，無法獨立作業。

BEN 接著說「但這都還不是最離奇的，還有來ＯＯ眼鏡面試，結果說我從小就買ＸＸ眼鏡的求職者，連自己去哪裡應徵都不知道。我還遇過那種遲到半小時，才打來說他塞車在路上叫我們等的，這些都是不需要考慮，會馬上刷掉的類型！」

和這些人資的阿哥阿姊們，經過長期相處後，發現很多人會忽略的求職的大地雷還有以下幾項：

＊大頭照跟本人完全不同的「照騙」。（人資內心ＯＳ：從一開始就給人不夠誠實的印象，照片頂多調調亮度和飽和度，不要Ｐ到連爸媽都認不出來，也不要貼花俏的貼圖在上面，感覺很不穩重。）

＊寫了祖宗十八代的故事跟經歷，但跟自己有關的只有少少幾句。（人資內心ＯＳ：我對你爸爸媽媽的戀愛故事沒興趣，更不會想知道你就讀哪一家托兒所，後面還有人等著面試，請講重點！）

＊一坐下來都還沒自我介紹，就問薪資、福利、休假，或是開了一個不符合行情的薪水（人資內心ＯＳ：都還不知道工作能力，也還沒自我介紹，就急著想知道待遇，這是故意在惹毛面試官吧。）

＊跟上一個完全相反的案例，問他期望薪資、待遇，回答都可以（人資內心ＯＳ：完全沒自己想法，也滿讓人擔心的。）

眼神要好，罩子要亮。

＊問為什麼想來這邊工作，回答：投了好幾家履歷、男／女朋友說這邊不錯、媽媽叫我來試試看。（人資內心ＯＳ：所以就是說沒有一定要來我們公司囉？）

＊一間公司應徵好幾個完全不同的職務。（人資內心ＯＳ：是太多才多藝還是根本搞不清楚自己想做什麼？）

＊問到離職理由開始大抱怨前公司。（人資內心ＯＳ：我不是你的心理諮商師欸！）

＊面試時手機狂響，還接起來暢快聊天把面試官晾在旁邊。（人資內心ＯＳ：真的很忙的話你要不要先回家，我趕快面試下一位。）

＊不懂裝懂，賣弄自己和公司的誰誰誰很熟。（人資內心ＯＳ：你知道那個誰誰誰是我爸嗎……真人真事，不過這位人資很客氣沒當場揭穿面試者。）

＊詢問什麼時候能到職？想也不想馬上回答明天。（人資內心ＯＳ：雖然感覺很積極，但如果還在職的話，難道都不用交接？如果是待業中的話，這段空窗期在做些什麼？）但如果回答兩個月才能到職，也沒有合理的理由，只是單純想玩樂放鬆的話，對人資來說也是會扣印象成績的，所以這一題也必須謹慎回答。

解方：聽起來好像怎麼踩都是地雷，但其實只要換位思考，想像如果自己是主管，看到哪些行為最會讓你想扣分的，或是問問長輩們，甚至模擬面試用手機拍下來，就能分析自己的優缺點，加以訂正改進。

P.S.

● 人資地雷真實存在，別當笑話看完就忘記了。

Lesson 15
解決臉盲症的名片社交術

「若薇！好久不見啊！」、「你是不是有稍微瘦一點」面對這樣常見的招呼開場白，我們常常寒暄一下帶過，甚至有時候離開了宴會廳，轉頭問同事：「剛剛那位是 ......？」「陳主任啊，上週才吃過飯的」「天啊，我居然完全忘記」，這樣的場面你是否也遇過？但成年人的社交，為了不讓彼此尷尬，有時就算根本忘了對方的名字或職稱，還是要意思意思聊兩句。

要說到臉盲，我應該算是臉盲症的重症患者，要不就忘了名字、要不就是忘了任職公司，最誇張的是，我也曾經根本不記得有跟對方餐敘過，但對方卻對我的資訊如數家珍 ......唉！可是這個毛病真的是與生俱來，我也非常不想這麼忘東忘西的，尤其當記者時，認臉、記個人資訊，是非常重要的事。（比如記住一些新聞當事人的臉，在法院才能夠訪問到那些原告或被告）

為了克服這個非常嚴重的毛病，我在拿到名片的第一時間，會找空檔拍照，並且在名片旁，記下認識對方的時間地點緣由及外型特色（高、矮、胖、瘦、頭髮顏色長度、或是五官，比如單眼皮、挺鼻樑），如果有加聯絡方式，我也都會在名字旁邊註明清楚，以防自己見過就忘的高能失憶症在隔天發作，在非常不確定的情況下，我會去 google 看看對方的臉書或 IG，加深印象，避免下次見面真的完全不記得對方。

回到家之後，分門別類的歸類當然也是幫助記憶的一個重要方式，但說真的有時候臨時要找，大部分的人也不會把一大疊的名片帶在身上，所以運用手機來管理名片，變成一個很重要的工作，千萬不要拿到了就往皮夾或資料本裡面塞，資訊放進腦子和手機，才有機會真的變成「有效人脈」，否則換名片真的就變得流於形式。

另外在加 Line 的時候，也建議大家在第一時間，傳給對方自己的名片電子檔，以防對方可能有跟我們一樣的臉盲症。

解方：有些人會在名片印上照片，有助記憶，這是最好的情況。若是有重要人士，在現場相談甚歡，在對方允許的情況下，也可拍張合照在照片上註記。若是真的記不得，只好出動同事或朋友，一起幫忙，一人記下幾個，盡可能的把在場的貴賓都詳細記下，避免下次見面失禮。

P.S.

● 運用手機來管理名片，克服臉盲，加 Line 時也記得傳給對方自己的名片電子檔。

不怕水逆，喜歡滿滿活力的我。

Lesson 16
你是「不喜歡工作」？ 還是不喜歡「工作」？

很多上班族在星期一工作，都會有茫得不碌（Monday Blue）症候群，起床不甘心，心情盪谷底，上班活死人，隨時再問一句「為什麼這麼快就星期一了！」，這是多數上班族內心獨白，有時候甚至會想說是不是明天就去提離職好了，或許這份工作根本不適合自己，換個工作，可能明天會更好，但這個時候就要想清楚了，到底是不喜歡「這份工作」，還是你根本就「不喜歡工作」？！

其實我本身也是比較偏好獨立作業的人，因為大辦公室裡，有太多我們無法掌控的因素，比如主管看你不順眼、同事愛拖後腿、客戶總是刁難、甚至印表機水逆當機，不過轉念來想，大辦公室裡應該也有喜歡分享下午茶的好同事、讓人崇拜的前輩或主管突如其來的肯定，如果在上班時間任何好事發生，都無法激起你一丁點開心的念頭，或許不是真的想要離職，而是工作了很長一段時間，倦怠期來了，需要重新開機。

這種厭世的症狀，多半會出現在身旁有不友善的職場同仁或主管、年終領不到、年假休不到的族群，所以這種凡事提不起勁的感覺，是「討厭工作」的警訊，一定要找個時間，好好放個假，讓自己去放空走走，什麼也不做個幾天。

如果主管或老闆真的不放人，不妨老實說，只要平常表現的積極向上負責任，基本上不會狠到幾天假都不給（新到職沒多久另當別論，一般職業倦怠應該也不會來的這麼早），如果真的踩到這麼硬，除非是公司非常時期，不然這樣「不給假」的狀況並不正常，也真的是可以好好考慮琵琶別抱了。（老闆們別罵我，員工充電後再出發，大部分回來工作後會有事半功倍的表現，陽光、下午茶、遠離公事，是給員工最好的三節禮物！）

● 好好放個假，來釐清自己是工作倦怠期還是真的想離開目前的職場。

妳也可以是哲仁皇后。

Lesson 17
如何讓獵頭 (headhunter) 找上你？

過去有一部好萊塢電影「好友萬萬睡」，由「賈斯汀」及「蜜拉庫妮絲」主演，
他們怎麼睡是一回事（請自己去看），重點在女主角「蜜拉庫妮絲」的工作，正
是在獵頭公司 (headhunter) 上班，俗稱「獵人頭」（獵到這麼帥的男主角還真是
不簡單，電影嘛，看看就好），對於多數人來說，是一個神秘的機構，簡單說就
是一種仲介。

在過去找人才，很多人靠的是親友介紹，不然就是靠人力銀行配對媒合，如今很
多企業、公司行號，要尋找一些主管職或是市場上相對稀有人才，寧可多花「手
續費」，請獵頭公司幫忙協尋。這一行不好做，不是有人就可以，人才好不好用，
關係到獵人頭的服務品質和收入。不同於人力銀行大多為求職者投遞履歷，獵頭
則為「主動把職缺送上門來配對」（不過目前各大人力銀行也都有獵頭單位，所
以也會有一個人同時收到兩家以上的獵頭公司邀請同一份工作的情況。）

首先很多人會問，我工作那麼久，怎麼沒有人來獵我？抱歉，你可能不是就業市
場上相對稀有的人才，也或許是你的專業工作技能，在市場上不是那麼熱門，畢
竟，要讓獵頭公司看上，幫忙媒合高薪或高職位的工作，幾乎可以說是在產業界
「頂港有名聲，下港尚出名」的專業人士，如果你真的很想被獵，要透過甚麼管道，
才能認識這些獵頭，讓他們發現你的存在呢？

首先，獵頭找人的方式有幾種：第一、從網路平台（LinkedIn）專業人士社群，

來挖掘目標產業的人才。現在可是網路時代，比起過去口耳相傳、口碑傳播，現在網路傳播的速度可是快的驚人，「凡走過必留下痕跡」，你做過的事、說過的話，在網路上都有跡可循，當然你的工作表現、和同事或同業的互動、個性和做人處事的態度，或許在上頭也可以略知一二。

第二、獵頭本身都有累積龐大的人才資料庫，或是和各大人力銀行合作，全天下早就超過三百六十行，headhunter 本身不可能不出門就知天下人，也不可能對各行各業熟門熟路，總是需要系統化的資料來輔佐，這時除了公司本身的資料庫，人力銀行更是重要，因為現代人就算不找工作，也幾乎會把自己豐富的學經歷放在人力銀行資料庫，以備不時之需。

第三、有些企業目標明確，會主動出擊，直接指名要其它競業的高階人才，說白了就是挖角嘛，ㄟ，你會問既然目標明確，為何不自己挖，正所謂「有人就有江湖」，同業之間的風風雨雨已經夠多，透過第三方去挖角，可以免去人情道義上的麻煩，同業間，老闆或高階主管多少有認識甚至有交情，情面還是得顧一下，不然你挖我、我挖你，冤冤相報何時了啊（這種事很常發生）。

第四、人才目標擺在那，你卻不一定認識，這往往讓很多獵人頭傷腦筋（佣金可不是那麼好拿的，要是人好找，幹嘛請獵人頭啊），這時候也許可以透過人脈層層轉介。這就不得不提到很多人熟知的「六度分隔理論」，也就是你和陌生人之間，平均只要透過六個人，就可以和目標對象取得聯繫，不要懷疑，如果你看到臉書上的正妹或帥哥，想要認識他，只要他（她）是你朋友的朋友，就有機會，不是嗎。

好啦，知道以上獵頭找人的方法之後，「如何讓獵頭主動找上門？」，執行的方法就很明確了！當然就是要讓獵人頭認識你。首先在各大網路平台上註冊（Linkedln、Facebook、instagram 等等），個人頁面等同於自己的履歷表或廣告宣傳（現在知道社群的重要性了吧！）。照片不用說，一定是專業且有活力朝氣的氛圍，背景不要太花、光線充足、飽和度和色溫適中，如果有過度修圖或放一些可愛貼圖在照片上，會給獵頭不可靠或隨便的印象（用照片騙人，一見面就見光死，可不是件好事）。

另外，寫一些閒聊或沒營養的抱怨文，會讓專業獵頭卻步，覺得這樣的人可能很愛「搞事」，換句話說，如果想塑造個人專業形象，發文請「言之有物」，特別是別亂發「政治或八卦垃圾文」，太過突出的個人政治立場或想法，在專業獵人頭或企業的眼中，不加分還可能減分。當然這樣做可能未必會獲得獵頭公司的青睞，如果你很積極，那就試著主動去加入一些獵頭公司的顧問當好友，就算短時間沒合適的機會，也可以幫對方介紹人選，透過這樣的「有來有往」，未來有合適的職缺出現，這些「獵頭網友」也會第一個想到你，能夠藉此獨佔先機、搶先卡位。

除了社群平台，你在人力銀行的履歷自傳也很重要，茫茫人海，獵人頭顧問要怎麼撈到適合的人才，人力銀行是最好的途徑之一，所以平常要定期更新自己的人力銀行履歷，如果有得獎或升職，或是 KPI 超標等等，這些都得寫進去，寫的方式也很重要，清晰明瞭外，越卓越的貢獻越要往前擺，以快速吸引獵頭目標，免得馬上被「下一頁」。

當然，在公司的表現也很重要，常常聽人說：「做口碑的」，不是沒有道理，尋找人才在同一個產業的同溫層當中尋找，速度可以說是相當快，但是要被獵人頭

相中，能力和為人處事都要有不錯的表現，缺一不可，所以就算實力堅強，若經常與人樹敵也很可能失去很多好的工作機會，除非你很 TOP，讓獵人頭或未來的新東家覺得非你不可。

這邊要強調，職場上多少還是有地板和天花板，（千萬不要跟我說還有隔板，不然我要翻白眼了），我是指無形、不成文的限制，就算你再優秀、再突出，獵頭們可能還是不會看上你。在獵頭市場，年紀在三十五歲左右的中高階管理職，最炙手可熱，尤其已經有大概兩到三間公司以上的管理經歷，會比在一家公司待了十年以上，只升遷了一次，更加吸引獵頭的關注。而學歷的重視程度方面，則和經歷成反比，職位越高，學歷的影響則越小，另外待過的公司規模越大，則會越幫我們的形象加分。

看完以上的介紹就該了解，平日廣結善緣，十分重要，不論在虛擬社群或實體社會，有機會就多交些朋友，擴充自己的人脈，但是千萬記住，先創造自己的「被利用價值」，才有機會成就「有效社交」，否則就算是天天去跑一些社團，別人也看不上，擺明就是在浪費自己的時間。實力和資歷沒到一定的程度前，建議邊充實自己邊拓展人脈圈，因為「說得上話」跟「被看得上」，往往中間還有很大的一段距離。

● 總結來說，當職位越高，學歷帶來的影響則越小。
● 人脈不是光靠跑社團就有，充實實力，
　 創造自己「被利用」價值，才有機會變成「有效社交」。

後記

編輯相談室

Q：為甚麼這麼早就開始打工？

黃：十六歲想去打工，只是因為想讓別人肯定我。媽媽的教育法是「非肯定路線」（哈哈哈），所以我想做給媽媽看，黃家的軍事教育養成計畫在國小時黃媽媽特別嚴格，所以不管在回答問題或問問題前，我都會先確保自己說出口的話不會太蠢，不讓媽媽追根究底，以防被黃媽的犀利眼光掃射，但後來長大後她對我比較溫柔，所以我會試著理解她的心態。

Q：你覺得自己是個甚麼樣的人？

黃：我是為了達到目標會很努力的人，「為達目的不擇手段？」（哈哈哈哈~）
從我負擔家裡的房貸開始，薪資只有二萬八千元，還要付我自己的房租，所以當時三餐吃的很節省，雖然我小時候生活在天母，距離公司也不是很遠，還是去租房子。過去的經驗讓我知道，沒有人能養你一輩子，包括你爸媽，因為錢還是會用光的，他們即便有心也沒力。

Q：租房子是讓自己工作起來不那麼辛苦？

黃：電視台起薪其實不高卻又去租房子，表面看起來我很不懂省錢（幾乎是月光族），又要負擔家計，能吃飽就不錯。但事實是希望自己狀態很好的去上班，也不希望爸媽看到記者經常要 on call，又早出晚歸的辛苦，加上我天生是慢郎中，怕他們會勸退我。

Q：你好像把工作當作在玩？

黃：雖然人生沒有立定志向、也沒有目的，但也不能甚麼都變不在乎，即使是工作，也要玩得開心，讓一切都變有趣，做好當下的任務，目標就會自己找上門。

Q：你為什麼有時鈍感，有時又能體貼別人？

黃：我很小的時候就懂得要顧及別人感受，這是媽媽的教育；但如果是某人內心小小的批評那種小劇場，我就會突然感覺不到。

顧及別人感受有很多種，尤其是團隊中把球做給人家，他／她會更愉快、更努力，我想要團隊一起動，不介意把功勞和光環與同事一同分享。

Q：你的拖延關心法好像也是聊天？

黃：我愛聊，所以也有強迫吸收症，沒事的時候，我還是在看財經、國際新聞各種消息，就是好奇：為什麼？為什麼？這也是我後來去考和工作無關侍酒師執照的原因。

我覺得聊天要以交朋友的心情出發，聊天也要認真，即使幾個小時，我盡量不接手機、不看手錶，見面前甚至先上廁所。讓對方將我當作朋友，如果對方討厭我，那就沒機會了。加深印象的方法，就是在當時時空下，把幾乎全部注意力放在你想認識的人身上。

後記

是敷衍還是真心，對方也是看得出來的，因為合作只是當下，將來可能我們都會有需要別人幫忙的地方，所以交朋友對我來說比較重要，而談合作時，我都是用和朋友見面聊天的心情去。如果只是一見面談案子，目的性就太重了。

Q：你長得很可愛，卻從沒說過「不想努力」的話？

黃：我最近採訪的案例是一位碩二生，他當家教月入十多萬，四年就存了兩百萬，因為他教的科目很特別—微分方程，這就是市場差異化，年輕貌美真的不是差異化啦。

Q：你明明不是對方的主管，為什麼老是里長伯上身？

黃：我的好友都說：「我就里長伯啊！」

我認識一個人比較不會用「大家說他怎麼樣」，來決定我對他的評價，而是自己真正相處過後，才決定一個人的價值，有時候別人覺得不 OK 的人，只是放錯了位置，我也曾遇過同事被說，只想當主播，記者的工作都不好好做，我就會去特別了解一下這個人的狀況，並且提醒對方把自己份內的事情做好，才可以「名正言順、心安理得」的坐上主播台，這樣的雞婆行徑，雖然被說是「很里長」，但能夠因為一兩句話，幫助到別人，也會讓我覺得自己的存在很值得。即使是他台的同業碰到問題，我也會過去分享，這只是舉手之勞。

Q：你覺得領導者最需要的特質是甚麼？

黃：領導者不能太自私，要看大方向，讓大家都能分配在適合自己的位置上。同理，如果 team leader 只顧自己，老闆也不是傻的，都是看破不說破。

Q：斜槓是另起一條路容易，還是從本業斜槓出去容易？

黃：任性要看年齡。

如果是二十五歲，可以任性把前面打掉重來，但如果是三十五歲，絕對本業延伸出去容易，畢竟有年紀又完全跨領域成功的人雖然有，但比例少，機率如同中樂透。

Q：HR 的最煩日？

黃：發薪日（每月五、十、十五日）是最忙的；周一、週六和週日寄履歷，因為會被信件堆到滿而被擠下去，周一是開會日，人資沒時間看，所以最理想的日子是周二到周四，可說是寄履歷的良辰吉時。

VIVI 若薇的黃金小筆記

● 創業者必學：紀律要求嚴格、講求團隊精神、注重成本控管，
　大品牌的 SOP 正好可以學。

● 工作上只是順手的小動作，卻能贏得主管讚譽有加。

● 說話，不只要說得好聽，還要說得有理，為客戶解決問題，才能有說服力。

● 專業不能只有一種，更別說「我不行或我不會」，
　否則可能會錯失一個最適合自己的工作機會。

● 電視圈的特性之一，就是看似開放、實則封閉，
　工作通常是透過實習或學長姊及老師的介紹才有機會。

● 面試前三天安排「模擬面試」，用想像的方式，
　針對職務的需求，不斷玩一個人的角色扮演

● 數據是死的，話是活的，轉播必須「死的要說成活的」。

● 說話的同時，去發想出對應的動作，就這樣日復一日的練習著，
　練到成為肌肉記憶的動作。

● 日復一日當好小螺絲釘，很多機會都出現在預料之外。

● 跨部門的溝通經驗，會讓自己非常加分，Why not?

● 有空檔或休息的時間，要主動地去跟其他部門的同事交流、寒暄。

● 情感的交流、累積，是從日常小動作開始的，為日後的工作帶來幫助。

● 多看、多問、偷學。

● 二十多歲的年齡，轉職成本比較低，三十多歲開始面臨成家立業，
　肩膀上的責任更重，要再轉換跑道，會變得困難重重。

● 機會，往往是要嘛不來，一來就來兩個。

- 空降主管存活率普遍偏低。

- 人際關係的培養，很多時候會帶來意想不到的發展。

- 適時的向別人求助，幫助自己更快更容易上手，也是打好人際關係的方式。

- 職場上的事，其實不複雜，複雜的一直都是人。

- 站在對方的立場想，和對方分析可能帶來的好處，任務會比較順利達成。

- 職場上講求的是表現，工作表現好，做人不失敗，
  有人就算討厭你，也得佩服你。

- 不怕被笑，不懂就邊看、邊問、邊學，也不覺得這有什麼丟臉的。

- 一天天看似不起眼的學習和成長，就像收進一格格抽屜裡的魔法藥水，
  在未來的某一刻一定用得到。

- 秉持著先開胃，再上主菜的核心思想，處理新聞。

- 就算賺的比較少，也沒有任何事值得你拿健康去拼命！

- 主播病：尿道、膀胱忍出問題、胃食道逆流、腸胃炎。

- 別忍了！忍耐忍得好，看病看到老，這個簡單的道理，
  很多工作狂知道卻做不到。

- 年終獎金不是法定制度，有可能是具有老闆喜歡的人格特質或需要的條件，
  毋須推測也毋須比較。

- 根據勞基法規定，員工依任職時間，離職有提早告知公司的義務。

- 把所有問題解決再給主管，我不想要來來回回改，
  因為這也是一種人生浪費。

- 做得好或是偷懶，很難不被看見。

晾生活、漂工作

沒有目的才有趣，

非典型人生的 100 種可能

國家圖書館出版品預行編目 (CIP) 資料

沒有目的才有趣：晾生活．漂工作 非典型人生的
100 種可能 / 黃若薇作 . -- 初版 . -- 臺北市：
風和文創事業有限公司, 2021.06
　　面；　公分
ISBN 978-986-06006-5-0 (平裝)

1. 黃若薇 2. 自傳 3. 臺灣 4. 心理勵志 5. 職場關係

783.3886　　　　　　　　　　　110006622

作者	黃若薇
特別顧問	黃志豪
執行經紀	林亞樺
封面妝髮	柯秀燕 Nina
行銷宣傳品手寫字	王雨薇 Vivi Wang
總經理暨總編輯	李亦榛
特助	鄭澤琪
主編	張艾湘
美術主編暨視覺構成	古杰

出版	風和文創事業有限公司
地址	台北市大安區光復南路 692 巷 24 號一樓
電話	886-2-2755-0888
傳真	886-2-2700-7373
EMAIL	sh240@sweethometw.com
網址	www.sweethometw.com.tw

台灣版 SH 美化家庭出版授權方公司

IESG

凌速姊妹（集團）有限公司
In Express-Sisters Group Limited

地址	香港九龍荔枝角長沙灣 883 號億利工業中心 3 樓 12-15 室
董事總經理	梁中本
E-MAIL	cp.leung@iesg.com.hk
網址	www.iesg.com.hk

總經銷	聯合發行股份有限公司
地址	新北市新店區寶僑路 235 巷 6 弄 6 號 2 樓
電話	02-29178022

製版印刷	鴻源彩藝印刷股份有限公司
定價	新台幣 380 元
出版日期	2021 年 06 月初版一刷